教育部人文社会科学研究青年基金项目
融资约束视角下的跨国公司国际生产分割机理研究(16YJC790122)

融资约束视角下
跨国公司国际生产分割的
微观机理与宏观效应研究

杨珍增　著

天津出版传媒集团
天津人民出版社

图书在版编目（CIP）数据

融资约束视角下跨国公司国际生产分割的微观机理与
宏观效应研究 / 杨珍增著 . -- 天津 : 天津人民出版社，
2022.5

ISBN 978-7-201-18385-5

Ⅰ . ①融⋯ Ⅱ . ①杨⋯ Ⅲ . ①企业融资—影响—跨国
公司—国际分工—研究—中国 Ⅳ . ①F279.247

中国版本图书馆 CIP 数据核字 (2022) 第 073760 号

融资约束视角下跨国公司国际生产分割的
微观机理与宏观效应研究

RONGZI YUESHU SHIJIAO XIA KUAGUO GONGSI GUOJI SHENGCHAN
FENGE DE WEIGUAN JILI YU HONGGUAN XIAOYING YANJIU

出　　版	天津人民出版社
出 版 人	刘　庆
地　　址	天津市和平区西康路35号康岳大厦
邮政编码	300051
邮购电话	（022）23332469
电子信箱	reader@tjrmcbs.com

策划编辑	陈　烨
责任编辑	李　羚
封面设计	汤　磊

印　　刷	天津新华印务有限公司
经　　销	新华书店
开　　本	710毫米×1000毫米　1/16
印　　张	12.25
字　　数	20千字
版次印次	2022年5月第1版　　2022年5月第1次印刷
定　　价	86.00元

前 言

在新发展格局背景下,中国正以更高水平开放促进更高质量发展。随着改革开放的不断深入,中国企业充分发挥自身优势,深度融入国际分工体系和国际产业链价值链中。但作为发展中国家,由于金融发展水平不高,中国企业面临较大的融资约束,制约了企业专业化从事高技术、高附加值生产任务的能力。《中华人民共和国国民经济和社会发展第十四个五年规划和2035年远景目标纲要》明确提出"深化金融供给侧结构性改革",要"健全具有高度适应性、竞争力、普惠性的现代金融体系,构建金融有效支持实体经济的体制机制"。基于此,本书从多个层面在理论和经验上研究金融发展、融资约束对跨国公司国际生产分割的影响。本书的主要内容包括以下几个章节:

第一章,导论。阐明本书的研究背景、研究意义、主要内容与结构。

第二章,文献综述。从金融发展理论、金融发展与融资约束对国际贸易的影响、国际生产分割与全球价值链理论三方面展开。

第三章,特征与事实。主要由两部分内容组成,一是全球金融发展的特征与事实,选用各层面的典型指标,对全球金融发展的特征与事实进行较全面的考察,为后续的经验研究奠定基础;二是跨国公司国际生产分割的特征与事实,基于行业层面的增加值贸易数据进行总结和提炼。

第四章,金融规模与金融效率对国际生产分割的影响。从金融规模与效率特征的视角,分析金融发展对国际生产分割的影响。先从理论上对金融发展规模与金融效率影响跨国公司国际生产分割的差异性进行分析,然后用跨国面板数据展开经验研究。发现金融规模对后向垂直专业化比率具有显著的正向影响,说明单纯的金融规模扩大不利于一国承接更多、更高附加值的生产环节。相反,金融效率对后向垂直专业化比率具有明显的负向影响,但银行经营效率和资本市场效率影响的显著性存在差异。

第五章,金融结构与融资约束对国际生产分割的影响。研究宏观金融结构对国际生产分割的影响。直接金融和间接金融的运行机制不同,对企业融资成本和风险分散的影响也不同,从而在行业或者国家层面上影响承接高附加值环节的能力,最终影响跨国公司的国际生产分割布局。国家层面的面板数据回归结果表明,随着一国金融结构的改善,其后向垂直专业化比例明显下降,出口中的外国增加值比例降低。进一步采用分行业回归发现,在融资约束较高的行业上,金融结构改善对于降低后向垂直专业化比率的作用更强。

第六章,全球价值链嵌入对企业融资约束的影响。跨国公司主导全球生产分割、将众多企业嵌入全球价值链的基础能力之一就是为被嵌入企业提供技术与资金,使后者获得参与全球价值链体系的能力。这一章梳理嵌入全球价值链影响企业融资约束的理论机制,并利用微观企业数据进行检验。发现企业嵌入全球价值链和引入外商直接投资都可以缓解自身融资约束,而且这两种方式之间总体上存在替代关系。

第七章,伙伴国金融发展对中国进口品质结构的影响。金融发展水平较高的国家能够承接更多高附加值生产环节,出口中高品质产品占比也应该更高。这一章基于中国进口的视角开展研究,检验伙伴国金融发展水平提高是否有助于优化其对华出口的品质结构水平,发现伙伴国金融发展对中国进口品质结构改善有显著的正向影响,这种影响是金融发展通过缓解伙伴国企业面临的融资约束、促进技术创新和人力资本积累实现的。

第八章,主要结论与政策建议。对本书的研究进行总结归纳,并且在比较借鉴国外政策经验的基础上，提出提高金融效率、优化金融结构、为企业融入全球价值链和引进外资创造更好的制度环境、积极推进与高金融发展水平国家的区域贸易与投资协定的政策建议。

本书总体上认为，金融发展与融资约束是影响跨国公司国际生产分割的重要因素，其他条件相同的情况下，跨国公司倾向于将高外部融资依赖度的行业或生产环节（同时也是附加值较高的行业或生产环节）安排到金融发展水平较高的国家，金融效率提升和金融结构优化有助于一国承接更多高附加值生产环节。全球价值链嵌入能够缓解中国企业融资约束，而且伙伴国金融发展水平提高能够促进中国进口品质结构优化。

多名天津财经大学经济学院硕士研究生参与了本书部分章节的编写，包括刘梦（第四章）、李凯馨（第三章）、陈影（第五章）、朗倩文（第二章）、刘怡（第六章）。两名已经毕业的硕士研究生，刘蓓蕾和王亚红分别为第六章和第七章做了大量基础性的准备工作。

杨珍增

2022年2月

目 录

第一章

导 论

第一节 研究背景与意义

随着全球生产网络的形成和发展,产品内分工已经成为主要的国际分工形态。跨国公司是全球价值链的主导者,它们通过国际生产分割配置全球生产网络。一国在产品内分工体系中的全球价值链地位、出口技术复杂度、出口竞争力、出口碳排放等问题在很大程度上是跨国公司国际生产分割和全球生产网络布局在宏观层面的表现。因此理解跨国公司在生产链条的哪些环节上进行分割,将分割后的各个区段安排至哪些国家完成,对在全球价值链贸易模式下开展贸易、投资和相关规则等问题的研究非常重要。

融资约束对跨国公司海外生产经营具有重要的影响。在全球生产网络背景下,无论跨国公司通过哪种方式(对外直接投资或者外包)将部分生产环节转移至东道国,当地合作方(子公司或者外包合同中的协议企业)所面临的融资约束都要影响到生产环节的成本,从而对产品整体的成本和定价产生影响。更进一步的,融资约束的影响还和生产环节的外部融资依赖度有关,其他条件相同的情况下,跨国公司会将融资依赖度较高的生产环节安排至企业面临融资约束较小、金融发展水平较高的国家。从而形成跨国公司在金融发展水平较高的国家从事融资依赖度较高、附加值比例较高环节生产,而在金融发展水平较低的国家从事融资依赖度较低、附加值比例较低环节生产的分割格局,并最终影响各个国家的全球价值链参与模式和地位。

理论上,金融发展能够缓解融资约束,提升微观企业的融资规模以及资源配置效率,扩大经济活动的规模和效率,从而在宏观上促进经济的发展。近年来,学术界越来越重视金融发展对外向经济活动的影响,特别是对出口和国际直接投资的影响。但在全球价值链分工的框架内,针对金融发展和融资约束对跨国公司国际生产分割行为及其宏观经济效果的系统研究并不多见。本书利用跨国跨行业面板数据展开研究,具有以下研究意义。

第一,本书基于全球价值链研究基本框架,研究金融发展对国际生产分割的影响,并进一步研究了这种影响在不同外部融资依赖度的行业间存在的差异,对全球价值链理论具有补充和拓展的作用。

第二,本书不仅探讨了金融发展规模的影响,而且深入金融效率和金融结构层面进行研究,阐述了不同类型金融市场发展对跨国公司国际生产分割影响的差异性,对现有国际生产分割和全球价值链理论具有补充和完善的作用。

第三,本书从中国微观企业层面研究了承接跨国公司国际生产分割活动对企业融资约束的影响,特别是这一影响在中国经济多元化特征下的差异化表现,丰富了异质性企业理论的研究内容。

第四,本书从中国作为进口国的视角,探讨了伙伴国金融发展对中国进口品质结构的影响,为金融发展和融资约束影响跨国公司国际生产分割提供了进一步的经验证据。

总之,已有文献在金融发展与融资约束对跨国公司国际生产分割决策的影响以及这种影响的行业差异性方面尚缺乏系统研究,本书就是要从金融发展和融资约束的视角阐释跨国公司国际生产分割机理,弥补现有理论与经验研究的不足。本书研究成果能够进一步丰富跨国公司理论和全球价值链理论,为相关问题的研究(如产品内分工模式下的出口技术复杂度、出口竞争力等)提供参考;而且能够在高标准国际贸易规则谈判深入推进和我国从 FDI 流入大国向对外直接投资大国转变的背景下,从提升我国的全球价值链地位、优化全球价值链参与模式的角度,对完善我国投融资体制、促进金融市场发展、缓解企业融资约束的政策制定提供科学依据。

第二节 研究结构和主要内容

跨国公司国际生产分割受到生产的规模经济性质和国家间成本差异的双重影响。企业在跨国经营中,在生产过程可以分割的条件下,倾向于将特定生产环节安排至少数地点,避免在不同的东道国从事相同产品或环节的生产,以便于充分利用规模经济带来的好处。在生产的区位选择上则需要充分考虑国家间的生产成本差异,以便于在成本最低的地方开展生产活动。参考已有文献,主要国家间成本差异影响跨国公司的国际生产分割活动,从而影响了国家间的金融发展差异。不仅不同的行业存在外部融资依赖度的差异,而且同一产品不同的生产环节,其外部融资依赖度也是不同的。而金融发展能够降低企业融资约束,从而为经济活动扩张提供外部条件。因此,在其他条件相同的情况下,金融发展水平较高的国家在外部融资依赖度较高的行业或生产环节上更具有优势,跨国公司也会倾向于将高外部融资依赖度的行业或生产环节(同时也是附加值较高的行业或生产环节)安排到金融发展水平较高的国家。

因此本书的基本逻辑如下。首先,从国家层面上,分析金融发展对跨国公司国际生产分割的影响,考察跨国公司是否将更多高附加值生产环节置于金融发展水平较高的国家。特别是要进一步探讨金融发展规模和金融效率影响的差异性。然后在国家层面上,探讨金融结构对跨国公司国际生产分割的影响,并进一步分析在不同融资约束水平的行业上,金融结构的影响是否存在显著差异。跨国公司通过生产分割构建全球生产网络,并且通过外包或者垂直一体化的模式对生产网络节点进行治理,那么被嵌入跨国公司生产网络中的企业的融资约束会得到相应的缓解,因此接下来本书在微观企业层面上开展研究,检验全球价值链嵌入是否使企业的融资约束得到缓解。进一步的,如果金融发展会提高一国承接高附加值生产环节生产的能力,那么应该能够观察到金融发展水平较高的国家,出口品质结构更为优化。因此本书最后从中国进口的视角,考察金融发展水平较高的伙伴国对华出口的品质结构是否更优,也就是高品质商品的出口占比是否更高。

根据上述研究思路,全书共分为八章。

第一章,导论。阐明本书的研究背景、研究意义、主要内容与结构。

第二章,文献综述。从金融发展理论、金融发展与融资约束对国际贸易的影响、国际生产分割与全球价值链理论三方面对文献进行梳理。金融发展被认为是一国比较优势的重要来源之一。金融市场的发展可以缓解企业面临的融资约束问题,促进企业的出口参与,且对出口质量具有积极影响。在垂直专业化分工不断深化的背景下,金融发展与国际生产分割关系的研究借鉴要素禀赋理论的"要素禀赋–要素密集度"框架,建立了"金融发展–融资约束"理论分析框架。

第三章,特征与事实。主要由两部分内容组成,一是全球金融发展的特征与事实,选用各层面的典型指标,对全球金融发展的特征与事实进行较全面的考察,为后续的经验研究奠定基础,二是跨国公司国际生产分割的特征与事实,基于行业层面的增加值贸易数据进行总结和提炼。

第四章,金融规模与金融效率对国际生产分割的影响。从金融规模与效率特征的视角,分析金融发展对国际生产分割的影响。先从理论上对金融发展规模与金融效率影响跨国公司国际生产分割的差异性进行分析,然后用跨国面板数据展开经验研究。发现金融规模对后向垂直专业化比率具有显著的正向影响,说明单纯的金融规模扩大不利于一国承接更多、更高附加值的生产环节。相反,金融效率对后向垂直专业化比率具有显著负向影响,但银行经营效率和资本市场效率影响的显著性存在差异。

第五章,金融结构与融资约束对国际生产分割的影响。研究宏观金融结构对国际生产分割的影响。直接金融和间接金融的运行机制不同,对企业融资成本和风险分散的影响也不同,从而在行业或者国家层面上影响承接高附加值环节的能力,最终影响跨国公司的国际生产分割布局。国家层面的面板数据回归结果表明,随着一国金融结构的改善,其后向垂直专业化比例显著下降,出口中的外国增加值比例降低。进一步采用分行业回归发现,在融资约束较高的行业上,金融结构改善对于降低后向垂直专业化比率的作用更强。

第六章,全球价值链嵌入对企业融资约束的影响。跨国公司主导全球生产分割、将众多企业嵌入全球价值链的基础能力之一就是为被嵌入企业提供技术与资金,使后者获得参与全球价值链体系的能力。这一章梳理嵌入全球价值链影响企业融资约束的理论机制,并利用微观企业数据进行检验。发现企业嵌入全球价值链和引入外商直接投资都可以缓解自身融资约束,而且这两种方式之间总体上存在替代关系。

第七章,伙伴国金融发展对中国进口品质结构的影响。金融发展水平较高的国家能够承接更多高附加值生产环节,出口中高品质产品占比也应该更高。这一章基于中国进口的视角开展研究,检验伙伴国金融发展水平提高是否有助于优化其对华出口的品质结构水平,发现伙伴国金融发展对中国进口品质结构改善有显著的正向影响,这种影响是金融发展通过缓解伙伴国企业面临的融资约束、促进技术创新和人力资本积累实现的。

第八章,主要结论与政策建议。对本书的研究进行总结归纳,并且在比较借鉴国外政策经验的基础上,提出提高金融效率、优化金融结构、为企业融入全球价值链和引进外资创造更好的制度环境、积极推进与高金融发展水平国家的区域贸易与投资协定的政策建议。

第二章
文献综述

　　金融发展理论早期的关注点是金融发展与经济增长之间的关系。在开放经济条件下，金融发展对国际贸易的影响也受到广泛重视。不同产业对融资的依赖程度存在差异，金融发展可以通过企业外部金融依赖度和企业资产结构影响国际贸易，因此金融发展被认为是一国比较优势的重要来源之一。在异质性企业理论下，金融发展和融资约束被引入模型，认为企业可以依赖外部融资来支付出口的固定成本，外部金融市场的发展可以缓解企业面临的融资约束问题，促进企业的出口参与，且对出口质量具有积极影响。国际生产分割是国际生产分工细化的集中体现，标志着从产业内分工转向了产品内分工。在垂直专业化分工不断深化的背景下，金融发展与国际生产分割关系的研究借鉴要素禀赋理论的"要素禀赋–要素密集度"框架，建立了"金融发展–融资约束"理论分析框架。

第一节　金融发展理论

一、金融发展理论的形成

　　金融发展理论研究的核心问题之一是金融发展与经济增长之间的关系。传统经济增长理论强调诸如资本、劳动、土地等生产要素积累，以及技术进步等因素的作用，但金融的作用则被忽视了。金融发展理论的出现则弥补了这一缺陷，为研究经济增长问题提供了新的方向和视角。在新古典经济学中，金融被认为是优化资源配置的重要机制。发展中国家由于金融发展不足,资源配置效率较低,从而限制了经济的增长。因此发展经济学家对金融发展的研究也集中在金融结构上。20世纪60年代末至70年代初,雷蒙德·戈德史密斯(L. Goldsmith)、罗纳德·麦金农(R. McKinnon)和爱德华·肖(E. Shaw)等学者开启了研究金融与经济发展之间关系的系统研究,发表了一系列研究成果。随着有关研究的不断深入,对于"金融发展"这一概念的解释也在不断丰富和充实,同时金融发展水平的衡量标准也在不断扩充和完善。

格利和肖(Gurley and Shaw,1960)强调,金融发展的关键在于金融结构的多样化,不同类型的金融主体对经济发展都具有相应的促进作用。帕特里克(Patrick,1966)认为,金融发展与经济发展之间存在双向因果关系。一方面,经济的发展导致对金融的需求增长,从而促进金融发展(经济发展拉动金融发展),另一方面,金融发展也会推动经济的增长(金融发展推动经济增长)。这两种因果关系的相对强弱会随着经济发展动态变化,当经济发展水平较高时,对金融发展的拉动起主导作用;而当经济发展水平较低时,金融发展对经济的推动起主导作用。其政策含义是非常明显的,由于发展中国家经济发展水平较低,金融结构存在缺陷,打破金融抑制,改善金融结构,促进金融发展对于推动经济的发展具有重要作用。

戈德史密斯(Goldsmith,1969)直接将金融发展定义为金融结构改善,也就是各金融机构和工具之间相对比例的优化。他认为金融发展的现代史就是金融结构的发展史,因此关于金融发展的研究其实就是对金融结构的变化过程和趋势的研究。戈德史密斯创造性地提出了一系列评价金融结构(也是衡量金融发展水平)的指标,用于研究金融发展与经济增长之间的关系。其中影响最深远应用最广泛的就是金融相关比率(Financial Interrelations Ratio,FIR),是指某一日期一国全部金融资产价值与该国经济活动总量的比值,是一个经济体经济货币化的水平。他利用35个国家1860—1963年的跨国面板数据分析了金融发展与经济增长的关系,发现两者高度正相关。

集中于探讨发展中国家金融发展与经济增长问题,麦金农和肖进一步完善了金融发展理论。他们于1973年分别出版了《经济发展中的货币与资本》和《经济发展中的金融深化》两部著作,分别从"金融深化"和"金融抑制"两个角度分析金融发展不足对发展中国家经济增长的制约。肖提出了"金融深化"理论,认为金融深化所带来的储蓄效应、投资效应、就业效应和收入效应将促进本国经济的发展。麦金农认为"金融抑制"是制约发展中国家金融发展,进而阻碍经济增长的重要因素,必须而且可以通过金融的自由化来求得资金上的自给,而金融的自由化则必须与外贸体制和财政体制改革彼此协调和同步。麦金农和肖都认为发展中国家普遍存在着的金融抑制现象阻碍了金融的发展,落后的金融水平抑制了私人储蓄和投资的形成,要想促进金融发展以及推动经济增长,必须实施金融自由化政策,放松管制,摆脱"低储蓄→低投资→低产出→低收入→低储蓄"的恶性循环。通常认为,肖和麦金农的金融抑制和金融深化理论的提出标志着金融发展理论的形成。

二、金融发展理论的演进

早期金融发展理论认为,金融发展通过动员储蓄、促进投资促进经济增长。随着理论的不断完善,又有学者开始从金融体系功能发挥的角度来探讨金融发展对于经济增长的影响,围绕金融中介机构对经济发展提供了哪些服务和功能这个问题来研究金融发展对经济增长作用及其方向。Levine(1997)总结了金融体系的功能和金融市场和金融中介影响经济增长的途径。他把金融体系的功能分为五种:动员储蓄;配置资源;监督经理人以及帮助治理公司;方便风险的交易、转移、分散和聚积;便利产品、服务和契约的交易。金融市场摩擦促使了金融市场和金融中介的产生和发展。金融市场和金融中介通过它们的各种功能使得资本的积累增进,技术得到创新,推动了经济增长。

经典索洛增长模型中决定长期经济增长率的关键在于全要素生产力的提高,而在早期金融发展理论中,金融发展会促进资本积累,但并不会影响全要素生产率。导致其可以在一定程度上解释发展中国家通过放松金融管制,促进金融发展并推动经济增长的机制,但显然无法解释长期经济增长问题。20世纪90年代初,金和莱文进行了诸多有益的探索,为现代金融发展理论奠定了基础。他们摒弃了传统金融发展理论的分析框架,寻求建立一种包括不同发展阶段经济体的更具普适性的金融发展理论。他们的新理论吸收了内生增长理论的最新成果,着眼于金融功能的发挥对经济增长的影响,尤其是对全要素生产力的影响。金和莱文设计了四个用于测度金融中介体的服务质量的指标,并以此来表示金融发展的水平:一是 Depth 指标,等于 M2/GDP,该指标用于衡量金融中介的规模,该比值越大,说明经济货币化的程度越高;二是 Bank 指标,等于商业银行的信贷资产比商业银行的信贷资产与货币当局国内资产之和,用于衡量一国商业银行相对于中央银行的总体规模,与中央银行相比,商业银行显然能够更好地管理风险,资源配置效率也更高;三是 Private 指标,用于衡量商业银行对私营企业的贷款,等于商业银行对私营企业的贷款比国内信贷总量减去银行间贷款的差值;四是 Privy 指标,它在性质上同 Private 指标相同,等于商业银行对私营企业的贷款/GDP(King 和 Levine,1993)。商业银行在向私营企业贷款时需要更为细致地研究企业,实施公司控制,进行风险管理,集聚金融资源,以及提供更为便捷的服务。因此,Private 和 Privy 可以用于评价金融中介在经济生活中功能的发挥情况。

金融发展会影响经济增长的观点将金融发展视为外生。那么,一个很自然的问题是,哪些因素会影响以及如何影响金融发展?帕特里克(Patrick,1966)认为,金融发展与经济发展之间存在双向因果关系。一方面,经济的发展导致对金融的需求增长,从而促进金融发展。格林伍德和史密斯(Greenwood 和 Smith,1997)则认为,金融市场是由于各类经济主体参与金融活动产生成本而形成的体系,因而只有当经济发展到一定程度,金融活动达到一定门后金融市场才能形成,即金融市场是经济发展和经济活动的内生结果。此外,伯伊德和史密斯(Boyd和Smith,1992)分析了金融中介的功能及其在资本配置中的作用,金融中介因为信息比较优势减少了信贷配给中低效率的利差。

　　内生金融发展理论一个非常重要的分支是法与金融理论。20世纪90年代中后期,拉波塔(La Porta)、洛佩慈·西拉内斯(Lopez-de-Silanes)、施莱弗(Shleifer)和维什尼(Vishny)(简称LLSV)相继发表了《外部融资的决定因素》(*Legal determinants of external finance*)和《法律与金融》(*Law and finance*)两篇论文,采用比较分析方法,验证了法律起源对金融发展的影响,首创从法律起源的视角研究金融发展。LLSV的研究得出了三个结论:第一,普通法传统国家的法律制度对投资者权利保护力度最大,法国大陆法传统国家最弱,德国与斯堪的纳维亚大陆法传统国家居于中间。第二,从法律实施质量来看,德国与斯堪的纳维亚大陆法传统国家的法律实施质量最高,其次是普通法传统国家,法国大陆法传统国家仍然最弱。第三,数据检验结果显示,在投资者权利保护薄弱的国家有相应的替代机制。有些机制是法定的,比如强制分红和法定存款准备金率在大陆法传统国家更容易出现。

　　Levine(1999)对77个国家的研究表明,有效保护债权人权利、促进合同实施的法律体系,是促进金融中介发展的重要因素。Levine、Loayza和Beck(2000)采用截面工具变量法和广义矩估计的动态面板数据分析法研究,得出与Levine(1999)相同的结论,法律对财产权的强有力保护能够激励银行提供规模大、期限长的贷款,并向借款者要求低的贷款息差。因此,有利于保护债权人权利、合同实施和会计实务发展的法律体系和会计制度改革,促进金融发展和经济增长。

第二节　金融发展与融资约束
对国际贸易的影响

一、金融发展、融资依赖与比较优势

不同产业对融资的依赖程度存在差异,金融发展可以通过企业外部金融依赖度和企业资产结构影响国际贸易,因此金融发展被认为是一国比较优势的重要来源之一。Baldwin 和 Krugman(1989)从融资风险的视角阐释了金融发展在比较优势形成中的作用,他们认为健全的金融系统能够降低贸易风险,分散专业化生产风险和商品交易风险,从而增强一国的比较优势。具有规模经济的部门往往对外部融资有更强的需求,而且金融服务在国家间的缺乏流动性,因此金融发展能够促进规模经济部门的增长,形成比较优势。Beck(2002)指出金融发展程度的提高可以促进一国资本积累的加速,在要素赋上改变一国的比较优势,使该国更易成为资本密集型产品的净出口国。Svaleryd 和 Vlachos(2005)利用 OECD 国家数据进行经验研究,发现金融发展促进了工业部门的专业化水平,是一国在工业部门比较优势的重要来源。

随着金融体系的发展,金融市场多元化水平提高,金融主体和金融工具也更加多元化,对有形资产抵押的要求也逐渐减弱。比如说在风险投资领域,投资者向初创企业提供资金支持并取得该公司股份,投资者投资的依据是初创企业发展前景而非现有可抵押财产。可以认为,金融发展水平提高会促进以无形资产为主的行业发展。多项研究很好地支持了这个猜想,例如 Braun(2003)发现在金融发展水平较低的国家中,拥有较多有形资产的行业更易于获得贷款,发展也更为迅速,Giannetti(2003)则发现在那些对债权人提供更好保护的国家,拥有较多无形资产的产业部门可以较易获得贷款,Hur 等(2006)利用 42 个国家 27 个产业的数据的研究发现,金融发展程度较高的国家在无形资产密集型的行业上有更高的出口份额。

中文文献主要集中在中国金融发展与出口贸易相关性的经验研究上,如金融发展对出口规模和出口结构的影响,相关研究从行业和地区两个层面展开。在行业层面上,齐俊妍(2005)将在H-O模型理论框架中引入金融发展因素,阐释了金融发展通过影响资本禀赋和促进技术进步影响比较优势的机制,发现金融发展程度提高促进了高融资依赖的技术密集型产品出口,有助于优化贸易结构。史龙祥和马宇(2008)利用中国制造业面板数据的研究表明,金融发展对扩大行业出口规模、优化出口结构具有一定的作用。包群和阳佳余(2008)考察了金融发展水平对工业制成品贸易比较优势的影响,发现金融发展水平是影响工业制成品比较优势的重要变量,同时不同的金融发展度量指标对国际贸易的影响存在显著差异。在地区层面上,徐建军和汪浩瀚(2008)利用省际面板数据进行实证研究,发现短期内中国金融发展会抑制中国中西部地区的出口规模,长期内均会促进各地区的出口增长,而且对东部地区的促进作用要高于中西部地区。姚耀军(2010)利用省际面板数据进行实证研究,发现金融发展规模的增加和金融发展效率的提升均能促进中国出口规模的增长。孙少勤和邱斌(2014)从规模、结构和效率三个维度研究了金融发展对中国各地区出口结构的影响,发现总体上金融发展优化了中国的出口结构但存在明显的区域差异。

二、金融发展、融资约束与企业出口

Melitz(2003)首次将异质企业引入到Krugman贸易模型中,在存在出口固定成本的条件下,分析企业生产率对企业出口决策的影响。关于金融发展、融资约束与企业出口行为的研究大多基于这一框架展开。Chaney(2005)强调企业的异质性不仅包括企业生产率差异,还包括企业流动性之间的差异,更高生产率、更高资金流动性的企业具有更大的出口倾向。Manova(2008)在模型中引入金融部门,认为企业可以依赖外部融资来支付出口的固定成本,外部金融市场的发展可以缓解企业面临的融资约束问题,促进企业的出口参与。后续很多研究都支持了这一结论(Muûls,2008;Berman 和 Héricourt,2010;Minetti 和 Zhu,2011)。利用中国企业出口数据的研究也得到了类似的结论(Mannova 和 Yu,2012;阳佳余,2012;罗长远和陈琳,2011)。金融发展能够缓解企业融资约束,提高企业出口概率和出口收益(毛毅,2013)。

金融发展对企业出口二元边际的影响存在差异。邱斌等(2016)发现金融发展规模、金融发展结构、金融深化程度以及金融发展效率能够显著促进中国制造业企业的出口集约边际,而出口扩展边际受到显著抑制。杜运苏和曾金莲(2016)也有类似发现,金融规模、金融结构、金融效率等三个指标提高均能够促进中国出口二元边际增长,且对扩展边际促进作用更大。杨连星等(2015)利用中国海关贸易和工业企业的合并数据,检验了金融发展、融资约束对企业出口三元边际的影响效应,发现融资约束对企业出口的进入边际以及扩展边际呈现显著的制约效应,金融发展程度的提升能够极大改善企业的融资约束的制约效应。总体而言,金融发展通过缓解融资约束对于中国企业的出口具有显著的促进。

企业持续性出口也是学者广泛关注的问题。吴晓怡和邵军(2014)利用生存分析方法研究外部融资约束对中国出口贸易联系持续期的影响及其行业差异,发现金融发展、外部融资约束降低对中国出口平稳发展具有积极作用,而且融资条件改善对于低外部融资依赖行业出口的平稳发展具有更大的促进作用。阳佳余和徐敏(2015)发现融资能力提高不仅有助于企业进入出口市场,而且有利于企业出口模式的持续性。金祥义和张文菲(2019)研究金融结构中银行业市场和股票债券市场发展对一国出口贸易持续时间影响的差异性,发现市场导向型金融体系的发展程度越高,越能缓解外部融资依赖性高的行业面临的融资约束,有效提高相应出口产品在海外市场的持续时间。

产品质量的提高有赖于持续性研发投入、物质资本投资和人力资本投入,而融资约束会通过抑制这些因素而对出口产品质量产生负面影响。

Bernini等(2015)利用法国企业数据进行经验研究,发现企业融资结构是影响产品质量的重要因素,融资约束不利于企业出口产品质量的提升。Ciani和Bartoli(2013)、Crinò和Ogliari(2014)也都发现了融资约束对出口产品质量的抑制作用。

国内学者也针对金融发展对中国企业出口质量的影响展开了深入的研究。陈清萍和鲍晓华(2014)用中国2000—2006年企业出口数据进行研究,发现银行信贷和商业信贷均制约着企业出口产品质量的提高,而地区金融发展能够同时改善两种融资约束并对企业出口产品质量产生积极影响。刘广威等(2021)发现地方金融发展要通过提高企业的研发和创新水平这一渠道提升出口产品质量。融资约束还影响了中国企业出口的目的地选择。谭赛月明等(2017)发现融资约束与企业出口低收入国家贸易占比成正向关系,因此缓解融资约束有助于企业增加向高收入国家的出口。王昱等(2021)强调了"金融结构—技术创新能力"匹配度的作用,认为"金融结构—技术创新能力"匹配度越高,地区技术创新能力越强,金融结构越需由银行主导型转变为市场主导型,越能有效提升企业出口产品质量。张杰(2015)强调全面金融体制改革是促进出口竞争力提升的重要途径。从影响机制上看,杜晓英(2015)、顾国达和郭爱美(2013)发现金融发展通过FDI技术溢出、人力资本积累和技术创新推动了出口复杂度的上升。

三、金融发展、融资约束与企业全球价值链参与

在垂直专业化分工不断深化的背景下,融资约束成为制造业全球价值链(GVC)地位升级的重要制约因素。Manova和Yu(2016)认为获得外部融资的外资企业更容易进入出口市场且促进出口,面临严重融资约束的企业倾向于生产低质量产品,在GVC中的分工地位会降低。高运胜等(2018)发现中国制造业企业GVC分工地位总体较低,融资约束与中国制造业企业GVC地位提升呈倒U型关系,较强的融资约束会显著阻碍价值链升级。吕越等(2015)发现融资约束是决定中国产业在全球价值链中嵌入度的关键因素,融资约束降低可以促进产业全球价值链地位升级。马

述忠等(2017)专门研究了融资约束对中国加工贸易企业全球价值链嵌入的影响,发现高生产率企业从事全球价值链较高环节的进料加工,低生产率企业从事较低环节的来料加工;高价值链环节更可能面临融资约束困境,因而约束小的企业位于价值链的较高环节,融资约束小和生产率高的企业向高价值链环节攀升的概率更大。

跨国公司的国际生产分割活动主要通过垂直一体化和外包两种形式进行,部分文献也分别从这两个不同的角度展开。在融资约束和金融发展对垂直一体化的影响方面,Acemoglu等(2009)和Macchiavello(2012)利用企业数据进行的研究都发现融资约束的缓解会降低跨国公司的垂直一体化规模;朱彤等(2010)、黄玖立和冼国明(2010)也发现,中国FDI流入能够缓解外部融资依赖度较高的行业的融资约束,从而促进产业发展和制造业出口。一些研究注意到了垂直一体化和外包之间的替代关系,如杨珍增(2012)发现东道国的金融发展对垂直一体化具有抑制作用,对外包则具有促进的作用;Antràs等(2009)用美国BEA跨国公司海外经营数据做了研究,发现资本市场不完全抑制外包的同时提升了垂直一体化规模。在金融约束和金融发展对跨国公司离岸活动规模的影响方面,Antràs等(2009)发现资本市场不完全使得跨国公司离岸活动(offshoring)的总体规模受到了抑制;Basco(2013)在产品生命周期理论框架内研究了东道国金融发展对跨国公司离岸活动的影响,发现金融发展对研发密度较高行业的影响更为显著;尹宗成和刘文(2015)利用中国省际面板数据所做的研究发现金融发展有助于提升国际生产分割水平。

第三节　国际生产分割与全球价值链理论

一、国际生产分割理论

(一)国际生产分割的含义

得益于WTO多边体系、区域经济一体化和双边投资协定的推动,贸易与投资成本大幅下降,运输技术的进步也降低了国际运输成本,加之在生产上模块化、标准化水平提高,生产过程的可分割性上升,跨国公司建立全球生产网络,将原本需要在一国境内完成的产品生产过程进行分割,将生产环节安排到两个或两个以上国家完成,形成了国际生产分割。这也意味着,整个生产过程的完成必然伴随着中间品的跨境转移,甚至是多次转移,这已经成为世界贸易在过去几十年中的一个决定性特征。例如苹果公司将产品组装这样的劳动密集型生产环节外包给富士康公司,在中国、马来西亚等劳动力成本较低的国家完成。类似的生产安排在几乎所有产业部门都存在,很多国家的大量企业成为这一国际生产网络的一个节点。从全球视角来看,这种国际生产网络的基本特征是:日本、韩国等发达经济体出口中间产品到中国内地,而中国内地同时也从中国香港等地以及东南亚其他发展中国家(地区)进口大量中间产品,最后在中国内地进行组装,完成最后制成品,而出口目的地最主要的不是日本、韩国而是美国和欧洲市场(邓军,2013)。

国际生产分割是国际生产分工细化的集中体现,标志着从产业内分工转向了产品内分工。新贸易理论(Krugman,1979,1980)基于不完全竞争市场结构假设阐释产业内分工的原因和收益,但对于产品内分工模式难以给出解释。以Melitz(2003)和Antràs(2003)为代表的新新贸易理论开始从企业和产品的视角研究国际贸易。特别是新新贸易理论的企业内生边界模型,帮助人们从公司内贸易的视角探讨中间品生产的"外包-垂直一体化"选择问题。国际生产分割的深化直接体现于中间产品贸易的增长。随着生产和运输技术的进步,加之贸易自由化水平的提高,国际商品贸易的主要构成不再是最终制成品贸易,而是以零部件为代表的中间产品贸易。当前世界贸易总额已经超过了世界产出总额,中间品贸易做出了巨大贡献。图2-1展示了从2000年到2020年中国和美国按照《按大类经济类别分类》(*Classification by Broad Economic Categories*,缩写BEC)分类的货物出口占比变化情况。BEC分类将货物按最终用途划分的3个基本门类:资本品、中间产品和消费品。可以看到中国在加入世界贸易组织后的二十年中,中间品出口在总出口中的比重从37.9%上升到了43.6%,在出口品中的占比超过了其他门类。美国的中间品出口每年都在50%以上,远远超过消费品和资本品。实际上从全球贸易来看也具备这种特征,到2010年,全世界总贸易额的60%是中间品的贸易,40%是工业制成品的贸易。

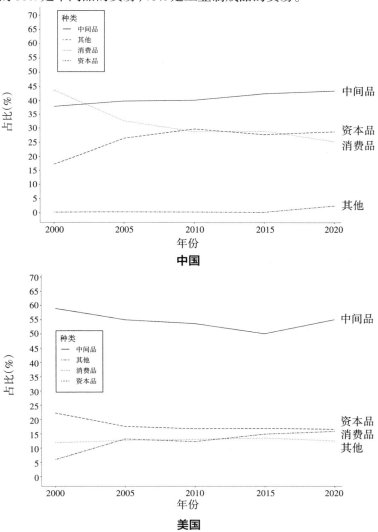

图2-1　中国和美国按照BEC分类的货物出口占比(2000—2020)

国际生产分割无疑给全球贸易增长、经济发展和贸易与投资规则带来了巨大机遇与挑战。首先，从经济增长和经济危机的传导来看，国际生产分割以及伴随而生的全球价值链分工体系加强了全球经济协同，放大和加快了冲击的国际传导，放大了全球贸易增长或下降的波动风险。全球金融危机的迅速传导对全球贸易与投资的系统性冲击就是一个很好的体现。国际生产分割条件下，中间产品频繁跨境贸易，外部冲击对全球贸易的冲击水平被放大；同时由于全球供应链条高度复杂，如果某一环节发生问题，整个全球生产都会受到影响。其次，全球价值链放大了中间品进口比例高的企业受关税影响的风险。由于中间产品多次跨越国境，虽然当前贸易自由化取得了巨大进展，但小额关税累计仍然会导致企业承担相对较高的关税。这也促使很多区域贸易协定试图通过规则创新降低影响，如《区域全面经济伙伴关系协定》(RCEP)的原产地累积规则。再次，国际生产分割的深化不断重塑全球经贸格局，也同时与旧的国际经贸规则体系产生激烈冲突，主要表现为三方面挑战，即边界上规则争端加剧、规则争端不断从边界上朝着边界内转移、发展中国家面临更严重的"低端锁定"风险而导致经贸规则争议日趋激烈。例如《跨太平洋伙伴关系协定》(TPP)以及此后的《全面与进步跨太平洋伙伴关系协定》(CPTPP)将原本边界性的关税和非关税贸易规则向边界内扩展，主要规范对象涉及一国的国内政策，如国有企业行为、知识产权保护、劳工等。

(二)国际生产分割的动力与机制

Jones 和 Kierzkowski(1990)指出，一个整合的生产过程是一系列生产环节通过各种服务链条连接起来的，这是关于国际生产分割的较早的表述。结合跨国公司边界理论，这种生产分割既可以发生在跨国公司内部，也可以发生在企业之间。在跨国公司内部，这意味着企业通过对外直接投资，在海外设立生产工厂，通过公司内部贸易采购中间产品。在跨国公司外部，则意味着企业通过公平市场交易，从其他国家的供应商采购中间产品。我们可以从国际生产分割产生的原因、分割模式以及福利影响三个方面展开论述。

从产生的原因来看,生产过程的可分割性是国际生产分割产生的前提条件,但只有同一个生产环节在国家间存在能够克服贸易成本的生产成本的差异,国际生产分割才能真正实现,因此可以认为,特别是基于要素禀赋的比较优势是导致国际生产分割的根本原因。而关税削减、运输成本下降和贸易壁垒下降会促进国际生产分割规模的上升。Grossman和Rossi-Hansberg(2008)指出存在相对要素禀赋的国家差异或者要素价格在没有均等化的情况下,任何常规任务都可能被外包。Frensch(2010)基于不完全专业化理论推导出新的引力模型,利用欧盟国家1992-2004年的贸易数据发现,欧盟内部发达成员国与新加入的不发达成员国之间存在大规模双向零部件贸易,这表明欧盟内部存在明确的生产分割。关税等贸易壁垒可能是阻碍国际生产分割的重要因素之一,这是因为在贸易壁垒较高的情况下,国家间由于要素禀赋而产生的生产成本差异可能被贸易成本所抵消。关贸总协定肯尼迪回合谈判后,由于关税大幅削减,特别是制造类产品的零部件贸易的关税大幅下降,导致与国际生产分割相关的贸易急剧增长(Bridgman,2012)。

借助于贸易模式的概念,国际生产分割模式是指一个国家出口什么样的"任务",进口什么样的"任务",从微观上看就是跨国公司如何在不同类型的国家间安排不同类型的生产任务。和产品或者行业一样,生产任务也存在要素密集度差异。在资本相对丰裕的国家,资本密集型生产任务的生产成本相对较低,将此类生产任务安排至资本相对丰裕的国家能够帮助实现全球成本最小化的目标。因此要素禀赋是决定国际生产分割布局的重要因素。Feenstra和Hanson(1996)基于要素比例模型,探讨工资差异与国际生产分割的关系,发现美国企业在面临来自发展中国家低成本竞争时,将非技能密集型生产任务外包到低工资国家,会导致美国生产力需求转向高技能工人,从而提高高技能工人的相对工资。Jones和

Kierzkowski(2001)提出一个关于生产分割的完整分析框架,指出各国生产率差异和工资差异是生产分割产生的重要原因。Kohler(2004)则基于特定要素研究了生产分割的决定因素,认为不同国家劳动工资差异是导致国际生产分割发展的原因。

对国际生产分割模式的解释主要基于比较优势理论,除了要素禀赋以外,很多因素也会影响各国的比较优势,特别是诸如金融发展、知识产权保护和法律体系等制度性因素。在金融发展与专业化分工的早期研究中,Rajan 和 Zingales(1998)的研究具有开创新的意义。他们利用55个国家的行业数据,研究了金融效率改善对不同行业发展的异质性作用,发现在金融体系发达的国家,金融密集型行业的增长率往往更高,从而证实了金融发展对专业化分工的重要作用。此后,他们的研究思想被延伸至贸易领域。Beck(2002)认为金融发展有利于提升一国制造业的比较优势,并利用65个国家的数据验证了这一命题。此后,Beck(2003)进一步将研究扩展到行业层面,发展金融发展水平更高的国家在金融密集度高的行业上具有比较优势。Ju 和 Wei(2011)、Hur 等(2006)、Svaleryd 和 Vlachos(2005)等也分别在宏观和行业层面上阐释和检验了金融发展与比较优势的关系,Mannova(2013)则进一步从企业微观层面将融资约束引入 Melitz(2003)的异质性企业模型中,构建了金融发展影响企业出口的理论模型,并通过107个国家1985—1995年的企业数据进行检验,验证了金融发展国家确实更多地出口金融密集型产品。总之,上述研究表明,金融体系的发展是金融密集型行业比较优势的重要来源。

沿着上述逻辑,金融发展和企业融资约束也会在国际生产分割条件下对企业参与产品内分工产生影响。大量此类研究基于中国企业数据展开,例如 Manova 和 Yu(2012)利用中国企业数据开展的经验研究发现,面临融资约束导致企业被锁定在价值链的低端,从事低附加值活动。吕越等(2016)发现融资约束是决定中国产业在全球价值链中嵌入度的关键因素,较低的融资约束可以带动产业在全球价值链中地位的升级;而较高的融资约束则会引致产业向价值链低端偏移。此外,出口目标市场较高的金融发展水平会在一定程度上阻碍我国产业在全球价值链中的跃升。这实际上意味着国家间的金融发展差异对与跨国公司的国际生产分割行为具有重要的影响。此外,Reddy和Sasidharan(2021)也证实融资约束限制了中国企业参与全球价值链分工。

显然,金融发展与国际生产分割关系的研究借鉴要素禀赋理论的"要素禀赋-要素密集度"分析框架,建立了一个"金融发展-融资约束"的分析框架,这一框架也被借鉴用于研究知识产权保护对国际生产分割的影响,形成了"知识产权保护-知识产权依赖度"的分析框架。产品的不同生产任务的知识密集度存在差异,对知识产权保护的依赖程度也有所不同。国际生产分割条件下,如果跨国公司将较高比例的复杂生产任务置于东道国完成,则当地的模仿者能够获得较多的生产信息,模仿难度较低,跨国公司会受到更多来自模仿者的威胁。东道国知识产权保护的加强能够阻止模仿者进入,促使跨国公司将更大比例的复杂生产任务置于东道国,从而降低东道国出口中所包含的进口中间品含量,提升东道国的全球价值链分工地位(杨珍增,2014,2016)。因此,在国际生产分割的环境中,知识产权保护能够促进出口技术复杂度提升,有助于中国产业向全球价值链中高端攀升(魏如青等,2021)。强化知识产权保护引致价值链延伸效应,深化全球分工,对于中国企业全球价值链相对位置的攀升具有明显的促进作用,价值链攀升效应大于低端锁定效应(代中强等,2021)。此外,屠年松和曹宇芙(2019)还发现,加强知识产权保护有助于提升一国服务业全球价值链地位。

从前面的总结可以看出,学者们对于国际生产分割模式总体上采用了比较优势理论进行解释。那么,对于国际生产分割的福利效果也可以基于这样的分析框架。Deardorff(2011)基于李嘉图模型和赫克歇尔-俄林模型分析了国际生产分割的福利效果,认为福利变动取决于国际生产分割所带来的国家间相对价格的变化,而且即便一国总体上从国际生产分割中获益,其内部也会有利益群体利益受损。Yomogida(2010)在垄断竞争的市场结构下探讨了国际生产分割的福利效果,认为比较优势和产品差异化对使得产品内分工的参与国受益。还有大量研究集中于国际生产分割条件下,国内不同群体利益改变的差异性。如 Feenstra 和 Kee(2008)指出无论生产分割如何影响相对工资,完全有可能所有的劳动者的实际工资都得到改善,原因是生产分割提高了企业的生产效率,进而降低最终产品的价格。Hijzen 等(2005)利用英国1982—1996 年制造业投入产出表数据,研究发现国际生产分割对低技能劳动力的就业和工资产生明显的负面影响,国际生产分割是英国制造业劳动力技能结构产生变化的重要原因。Strauss-Kahn(2004)利用法国 1977—1993 年投入产出表和劳动统计数据开展研究,发现国际生产分割导致了法国制造业就业人口中低技能劳动力比例下降。针对中国的研究中,唐宜红和马风涛(2009)发现国际生产分割促进了中国工业部门非熟练劳动力相对就业,降低了熟练劳动力的相对就业。蒋为和黄玖立(2014)利用 2000—2011 年中国省级面板数据进行研究,发现国际生产分割的上升将导致劳动收入份额的下降,且这种负向效应与中国在国际生产分工中的地位密切相关。

二、全球价值链分工理论

跨国公司通过国际生产分割配置全球生产网络,决定了一国的全球价值链贸易参与模式和全球价值链地位。全球货物和服务出口的80% 与跨国公司全球生产网络有关,超过 33% 属于跨国公司的内部贸易(2013 年世界投资报告,UNTCAD)。跨国公司在其全球战略目标下,将原本一体化的产品生产过程分解为不同的工序和区段,在不同的国家进行,形成以工序、区段、环节为对象的产品内分工体系。一国在产品内分工体系中,分工地位、出口技术复杂度、出口竞争力、出口碳排放等问题在很大程度上是跨国公司国际生产分割和全球生产网络布局在一国贸易上的表现,如果一国能够吸引跨国公司将处于价值链上游的、技术复杂度较高且附加值较高的生产环节置于该国,则该国出口核心的零部件和服务,在全球价值链中处于高端位置。因此理解跨国公司国际生产分割机理对在全球价值链贸易模式下开展贸易、投资和服务贸易等问题的研究非常重要。

学术界普遍认为,全球价值链理论的起源要追溯到迈克尔·波特(Michael Porter)的"价值链"理论。波特(1985)在分析公司行为和竞争优势时提出这一概念,描述的是单个企业创造价值的过程可以被细分为若干相互独立,但在功能上又彼此关联的生产经营活动,这些经营活动创造的价值进而串联形成"价值链"的最初形态。企业间的交流和协作使得原本局限于单个企业内部的价值链扩展到企业之间,形成了上接供应商、下接分销商的"价值链系统"。因此生产分割和价值链的概念紧密相关,生产分割是生产环节在不同地区、不同企业间的配置过程,而价值链体现了这一过程中的价值连接。随着生产分割从国内地区间扩展到国家间,供应、生产和销售等经济活动越来越多地成为跨地区、跨国之间企业的纵向合作。在这种条件下 Gereffi 和 Korzeniewicz(1994)提出了"全球商品链"的概念,Gereffi 等(2005)采用"全球价值链"这一术语,强调全球化生产中的价值创造过程,被经济学家广泛使用。联合国工业发展组织对这一概念作了如下定义:在全球范围内为实现商品或服务价值而链接生产、销售、回收处理等过程的全球性跨企业网络组织,涉及从原材料采购和运输、半成品和成品及销售、直至最终消费和回收处理的整个过程。从此相关研究不断积累,理论也日趋完善。

全球价值链概念的出现推动了国际贸易、国际投资和跨国公司理论的发展。在传统的贸易模型中,国家间的分工主要发生在最终产品层面。随着分工从企业内部走向企业间、地区间乃至国际间,传统贸易理论中有些基于最终品贸易的设定已经不再适用。在此背景下,序贯生产(sequential production)(或分阶段生产、垂直专门化生产等)和"任务贸易"(trade in tasks)等概念被引入传统贸易模型中,以便更好地反映全球价值链分工形态,对国际生产分割和全球价值链背景下的贸易的原因、模式和福利效应进行阐释。Grossman 和 Ross-Hansberg(2008)提出了"任务贸易"的概念,将产品生产中各个价值创造环节称为"任务",而每项任务由于在生产上可以与其他任务相分离,而且要素投入的种类和比例也不同,企业可以将部分任务外包至其他国家的企业完成。由于各项任务的经济收益和时空可分离性并不相同,企业需要权衡外包的成本和收益后进行决策。从贸易上看,不同任务在不同国家实施,且为了完成最终产品生产必然要在不同的国家之间频繁转移中间品和最终产品,这种"任务贸易"使得附加值在不同的国家或地区被创造,并通过国际贸易在价值链网络中传递,进而又形成了"增加值贸易"(value-added trade)的全新概念。

与传统的产业间和产业内分工不同,在全球价值链分工中,一个国家往往集中于价值链上的特定环节进行生产。这便在两个层面上给原有的理论带来了挑战,在国家层面上,什么因素在影响价值链上的分工结构,在企业微观层面上,作为全球价值链主导者的跨国公司如何决定对海外生产的组织模式,也就是外包和垂直一体化模式的选择问题。对于全球价值链分工结构问题,前面对国际生产分割理论的梳理方面已经做了总结,李嘉图的比较优势理论和赫克歇尔-俄林模型的要素禀赋理论等传统贸易理论认为国家间要素禀赋的差别决定了各国的比较优势,从而决定了分工结构和国际贸易格局。然而,一些新的理论模型研究表明还有一些其他因素也影响着全球价值链上的分工格局。对于海外生产的组织模式问题,Antràs 和 Chor(2013)在异质性企业贸易理论框架下,基于 Grossman 和 Hart(1986)所建立的产权分析法,将全球生产视为连续的序列过程,建立了厂商组织形式选择模型,研究全球价值链分工如何影响最终品生产商与不同上游供应商之间的契约关系,以及如何沿着价值链来配置控制权以引导上游供应商贡献其最大的努力程度。

全球价值链还给全球贸易与投资规则提出了新的诉求。传统的贸易措施,无论是关税还是非关税措施,都是以边界措施和市场准入为核心的。全球价值链理论和实践表明,关税和非关税等贸易壁垒会阻碍外向型投资,一些传统的贸易与投资规制措施,如市场准入限制、当地含量要求、贸易平衡限制等也会削弱出口竞争力,中间品贸易壁垒会在产品多次跨境的条件下产生累积和放大效应,即便是很低的关税也在累积后对中间品贸易产生巨大阻碍。基于传统生产与贸易模式的贸易政策和贸易规则已不再适用,需要重新定义基于全球价值链的国际贸易新规则,也就是以边界内措施和规制融合为核心的下一代贸易政策。

第四节　本章小结

金融发展理论早期的关注点是金融发展与经济增长之间的关系。在开放经济条件下,金融发展对国际贸易的影响也受到广泛重视。不同产业对融资的依赖程度存在差异,金融发展可以通过企业外部金融依赖度和企业资产结构影响国际贸易,因此金融发展被认为是一国比较优势的重要来源之一。在异质性企业理论框架下,金融发展和融资约束也被引入模型,认为企业可以依赖外部融资来支付出口的固定成本,外部金融市场的发展可以缓解企业面临的融资约束问题,促进企业的出口参与,对出口质量具有积极影响。

随着贸易成本的下降和生产上模块化、标准化水平提高,生产过程的可分割性上升,跨国公司建立全球生产网络,将生产环节安排到两个或两个以上国家完成,形成了国际生产分割。国际生产分割是国际生产分工细化的集中体现,标志着从产业内分工转向了产品内分工。对国际生产分割模式的解释主要基于比较优势理论,除了要素禀赋以外,很多因素也会影响各国的比较优势,特别是诸如金融发展、知识产权保护和法律体系等制度性因素。金融发展与国际生产分割关系的研究借鉴要素禀赋理论的"要素禀赋–要素密集度"分析框架,建立了一个"金融发展–融资约束"的分析框架。

与传统的产业间和产业内分工不同,在全球价值链分工中,一个国家往往集中于价值链上的特定环节进行生产。这便在两个层面上给原有的理论带来了挑战,在国家层面上,什么因素在影响价值链上的分工结构,在企业微观层面上,作为全球价值链主导者的跨国公司如何决定对海外生产的组织模式,也就是外包和垂直一体化模式的选择问题。全球价值链还给全球贸易与投资规则提出了新的诉求。基于传统生产与贸易模式的贸易政策和贸易规则已不再适用,需要重新定义基于全球价值链的国际贸易新规则,也就是以边界内措施和规制融合为核心的下一代贸易政策。

第三章
特征与事实

第一节　全球金融发展的特征与事实

金融发展是金融交易规模扩大和金融产业高度化过程带来的金融效率的持续提高，主要体现为金融压制的消除和金融结构的改善，即金融工具的创新和金融机构适应经济发展的多样化。金融发展指标体系的形成与发展经历了三个阶段。二十世纪五六十年代，戈德史密斯采用金融相关率（FIR）指标对各国金融发展状况进行了初步的衡量和比较，开创了比较金融学研究领域。二十世纪七八十年代，麦金农和肖提出金融抑制和金融深化理论，在对实际利率水平与储蓄、投资和经济增长关系的经验分析中，逐步形成金融中介发展指标体系（包含金融发展水平指标、结构指标、金融政策指标等）。二十世纪九十年代，内生金融中介和金融市场被引入金融发展模型，对金融发展状况的评价和度量由金融中介扩展到金融市场（证券市场），最终形成完整的金融发展指标体系。本章选用各层面的典型指标，对全球金融发展的特征与事实进行较全面的考察，为后续的经验研究奠定基础。

一、全球金融深化

金融深化反映了正式金融体系与经济活动的相对规模。这类指标通常以货币量与GDP之比来反映一国经济货币化的程度。文献中使用的金融深化指标通常有以下三个层次。一是货币深度，包括狭义货币深度和广义货币深度两方面指标。狭义货币深度即 M_1 与 GDP 的比值,其中 M_1 包括流通现钞、活期存款(无利息的支票账户存款)以及旅行支票等。M_1 反映货币充当支付中介的职能,其数值取决于社会总交易额的变化。给定社会交易总额,随着金融交易技术水平的提高,货币需求量下降,该指标值一般有所降低,但在发展中国家,由于社会经济发展导致交易额扩大,指标往往呈明显的上升趋势。广义货币深度即 M_2 与 GDP 的比值,其中 M_2 是指流通于银行体系之外的现金加上企业存款、居民储蓄存款以及其他存款,它包括了一切可能成为现实购买力的货币形式。该指标反映货币的储蓄手段职能,随着经济发展而稳定上升,其变动通常快于狭义指标。二是总体金融深度。指标定义为流动性负债与 GDP 之比(M_3/GDP),其中 M_3 包括 M_2 以及大额定期存款、机构货币市场基金、短期债券回购协议(回购)和更大流动资产等。由于该指标包含了流动性短期金融资产,对经济货币化进程反映较为灵敏。三是非货币金融深度,即(M_3-M_1)/GDP。该指标分子部分为准流动性规模,准流动性指标消除了金融规模中的货币部分,能够更精确地反映金融中介的规模。

本书利用总体金融深度,即流动性负债与 GDP 之比,来考察全球金融发展的变化特征。图 3-1 展示了从 1960 年至 2017 年全球流动性负债占 GDP 比重均值的演变情况。显然,在样本期内,全球总体金融深度呈现上升趋势,表明全球经济整体的货币化水平大幅提高,从 20 世纪 60 年代初期的最小值 27.28% 上升为近年来的最大值 73.52%,其变化趋势与全球经济增长趋势基本一致。但同样值得注意的是,总体金融深度在经济衰退期间往往经历下降阶段,例如 1997 年爆发的亚洲金融危机和 2007—2008 年的全球金融危机期间以及之后的一段时间,全球总体金融深度都出现了较大幅度的下降。

金融发展理论强调金融发展在经济增长中的重要作用,因此我们应当能够观察到高收入国家金融深化水平更高一些。图 3-2 展示了按照收入水平分组的各国流动性负债占 GDP 比重均值的变化情况。国家收入水平分组依据世界银行的标准进行划分。很显然,高收入国家的总体金融深度最高,其次是中高收入国家,再次是中低收入国家,低收入国家的

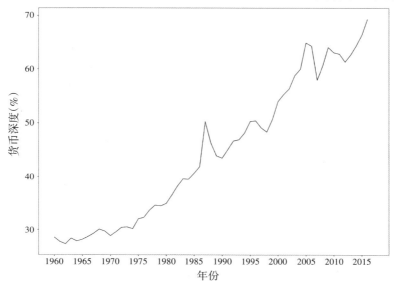

图3-1　全球总体金融深度均值的变化

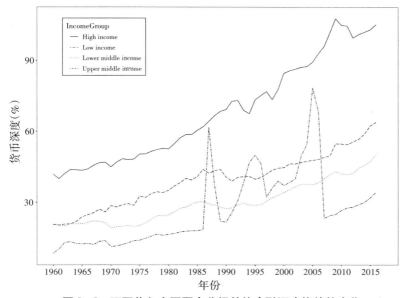

图3-2　不同收入水平国家分组总体金融深度均值的变化

总体金融深度虽然波动较大,但总体上低于其他三个分组。说明金融深化与经济发展水平具有很强的相关性,这与现有金融发展与经济增长理论研究的基本结论是一致的。

　　流动性负债占GDP比重这一指标主要体现了McKinnon的金融深化思想,即运用货币存量与国民生产总值的比值作为衡量一国经济货币化程度的指标。接下来我们考察Goldsmith提出的金融相关比率的变化情况。金融相关比率是指"某一时点上现存金融资产总额与国民财富之比",用于衡量一国的经济金融化程度。经济主体为追逐潜在收益而进行的金融创新(包括制度创新和技术创新)是金融发展的根本动力。金融发展的一般规律是金融相关比率趋于提高。图3-3展示了全球金融相关比率的变化总体情况。显然,与流动性负债占GDP比重这一指标类似,各国金融相关比率的均值也在样本期内呈现了显著的上升趋势,特别是从2007年以来快速上升,在2017年达到了样本期内的最高值106.74%。

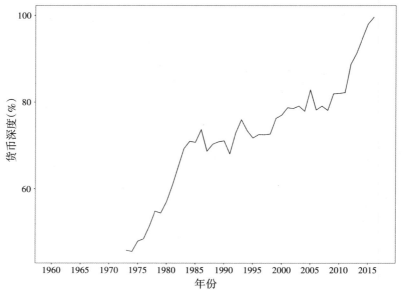

图3-3　全球金融相关比率的变化

金融资产总额由三部分组成,即中央银行的金融资产、存款银行的金融资产和其他金融机构的金融资产。全球金融相关比率上升主要是哪部分资产的上升所驱动的呢? 为回答这一问题,本书还分别考察这三种资产与GDP比值的变化情况。图3-4展示了这三个指标的变动情况。显然全球金融相关比率的变化主要来自存款银行资产增长的贡献,其次是其他金融机构资产的增长,而中央银行资产在样本期内并没有明显的上升,从20世纪80年代中期以来甚至处于缓慢下降的趋势。这也体现了全球金融结构的总体变化,即商业银行这一金融中介的作用日益提升。

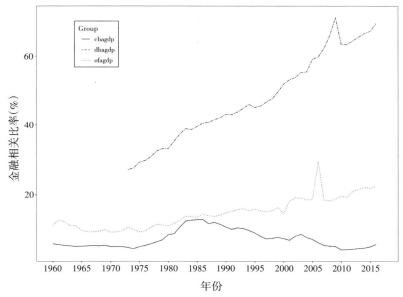

图3-4　三种金融相关比率的变化情况

那么,不同收入水平的国家中,存款银行金融资产(与GDP的比值)变化情况是否也存在差异呢? 图3-5展示了按照收入水平分组的指标均值变化情况。显然,高收入国家的存款银行金融相关比率最高,其次是中高收入国家,再次是中低收入国家。虽然低收入国家的这一比率波动较大,但总体上在四组国家中最低。这种特征与按照国家收入水平分组的总体金融深度的特征(图3-2)基本一致。

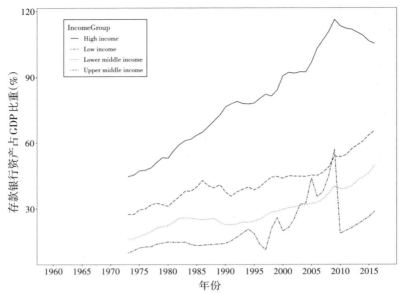

图3-5 不同收入水平国家存款银行金融资产与GDP比值的变化

从上面的分析中可以看出,在样本期内(1960—2017)全球整体金融深化水平呈现出以下两个方面的特征。一方面,无论采用流动性负债占GDP比重还是金融相关比率指标进行考察,全球整体金融深化水平都明显提高,而且金融深化水平的变化趋势与全球经济增长的总体趋势基本一致。另一方面,金融深化不同收入的国家分组之间存在明显差异,收入水平较高国家分组的金融深化水平也较高。

二、全球金融发展结构

金融发展结构指标用以衡量不同金融机构的相对重要性。文献中常用的指标有三类。一是银行类金融机构在经济中的相对地位。例如中央银行国内资产与GDP之比,存款银行国内资产与GDP之比,存款银行资产与银行资产(存款银行与中央银行资产之和)之比等。通常而言,随着经济增长,作为金融体系主体的存款银行规模快速扩张,存款银行资产与GDP比值会提高,但央行资产与GDP比值会降低。二是金融资产的配置状况。例如分配给非金融私人部门的信贷与国内信贷总量之比,该指标区分了信贷总量中投向私人部门的部分与投向政府及国有企业的部分,指标值的上升表明金融体系的资金配置效率提高。三是金融机构资产的相对规模。例如银行中介与非银行中介的相对规模,通常采用证券市场交易额(SEC)与广义货币存量之比来衡量,该指标值上升,说明非银行金融体系的重要性增强,金融发展水平提高。

1.银行类金融机构的相对地位

本书首先从全球层面考察存款银行与中央银行资产的相对规模。按照经验作为金融体系主体的存款银行规模快速扩张,存款银行资产与GDP比值会有所提高,但央行资产与GDP比值会降低。这也就意味着,存款银行与央行资产的比值会相应上升。图3-6对1960—2017年期间的指标变化情况进行了考察。显然,虽然在一定时期内(20世纪70年代中期至80年代中期,还有2013—2017年期间)这一相对规模出现了下降,但从总体上来讲,存款银行的资产相对于中央银行呈扩大趋势。

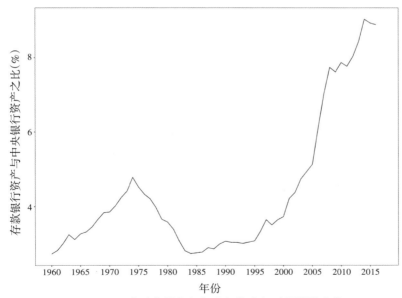

图3-6 全球存款银行与央行资产相对规模的变化

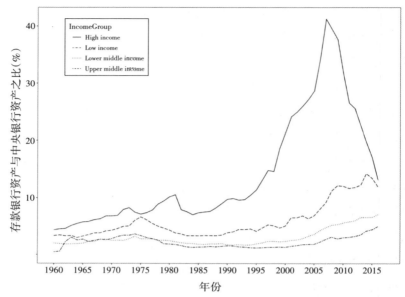

图3-7 按收入水平分组的存款银行与央行资产相对规模的变化情况

图中,存款银行与央行资产的相对规模近年来出现了明显下降。那么这种变化趋势发生于发达国家还是发展中国家?为此本书按照收入水平对国家进行分组考察(见图3-7)。显然这种下降主要是由高收入国家所驱动的,从2007—2008年的全球金融危机开始,高收入国家存款银行的资产相对于中央银行出现了急速下跌,目前与20世纪90年代初期水平相当。这可能和危机期间存款银行坏账增加、经营不善有关,同时与这些国家加大金融市场干预有关。而同期,虽然其他分组国家的指标也有所下降,但降幅相对小得多。

2. 金融机构资产的相对规模

本书主要考察证券交易额与广义货币存量比值的变化情况。从图3-8来看,总体上该指标呈上升趋势,但相对于此前考察的各项指标,其波动性明显较高。金融危机之前快速大幅上涨,金融危机之后快速大幅下跌是一个重要特征。特别是在亚洲金融危机(1997—1998)和最近一次全球金融危机(2008—2009)期间表现更为明显。

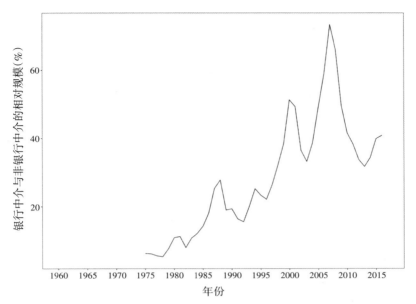

图3-8 全球证券交易额与广义货币存量比值的变化

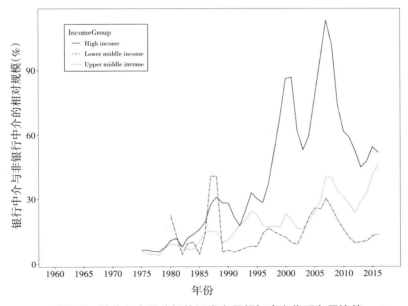

图3-9 按收入水平分组的证券交易额与广义货币存量比值

金融危机对不同收入水平国家的冲击存在差异,该指标的变动在不同收入水平国家分组中也应该表现不同。图3-9对这一点进行了考察,由于在低收入国家在该项指标上数据缺失严重,并没有包括低收入国家组。可以看出,不同收入水平分组在金融危机冲击下,该指标的变动具有一定的同步性,但高收入国家的指标波动幅度明显高于其他两个分组。

通过上面的考察可以看出,在样本考察期内,全球金融结构的演变呈现出非常明显的特征,即金融结构更趋向于市场化,体现在两个方面,一是存款银行相对于中央银行的资产上升,二是证券市场相对于货币存量规模的上升。这种市场化取向也会推动全球金融体系的效率提升。从下面的分析将从银行存贷利差的角度考察全球金融效率的变化,而结果是显而易见的,全球金融效率明显上升。

三、全球金融发展政策

金融发展的政策特征主要从金融自由化、金融开放的视角,考察国家对金融活动的管制与抑制水平。其思想是从价格角度分析利率水平及其变动来了解一国金融的发展状况。主要有金融压制指标和金融效率指标两个方面。金融压制指标常见的有两种,实际利率水平和金融综合压制指数。实际利率水平从信贷价格反映一国金融压制的程度,负的实际利率表明金融压制的存在。放松利率管制以降低通货膨胀率,使实际利率成为正值,储蓄的动员和分配也更有效率。金融压制综合指数,将政府向银行部门施加控制的相关指标加权汇总而得到,其包含的五种基本控制指标是:对存款利率的限制、对贷款利率的限制、直接信贷计划占信贷总量的比重、活期存款和定期存款的最低存款准备金比率。

从数据可获得性和国家间数据可比性的角度看,用银行的存贷利差作为衡量银行效率的指标比较合理。银行存贷利差越大,金融机构的利润水平越高、效率越低。从前面金融发展规模和结构特征来看,全球金融体系总体上朝着市场化的方向发展,在样本期内有了较大水平的提升,因此可以预计金融市场的效率也有显著上升。图3-10给出了1995—2017年全球银行存贷利差的变化情况，由于1995年之前的数据缺失值过多而可能导致结论不可靠，因此没有包含在内。显然全球银行存贷利差有了显著的下降，表明整体的金融市场效率提升。虽然全球金融危机以来，金融效率提升似乎停滞，但在整个样本期内，银行存贷利差从最初的10.95下降到2013年的4.76，金融效率的提升幅度是相当大的。

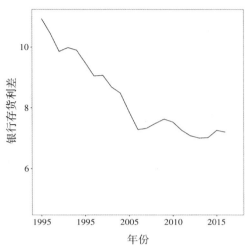

图3-10 银行存贷利差的变化

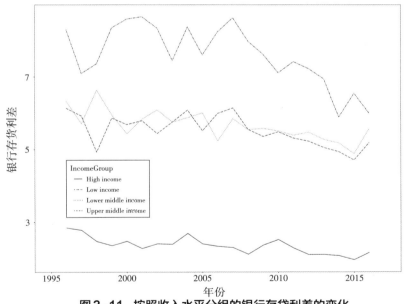

图3-11 按照收入水平分组的银行存贷利差的变化

图3-11展示了各收入水平分组国家银行存贷利差的差异。金融市场效率较高的高收入国家的银行存贷利差在整个样本期内都处于低水平。其次是中高收入国家和中低收入国家分组，两者水平接近且变动趋势也基

本相同。低收入国家存贷利差最高。从国家间比较来看,银行存贷利差是衡量金融市场效率的较好指标。从变动趋势来看,各组银行存贷利差总体上都呈现出下降的趋势,说明全球金融市场的效率有了明显提高。

从收入水平分组考察,高收入国家的银行存贷利差在整个样本期内都处于低水平。指标下降的贡献主要来自中高收入国家和中低收入国家分组,呈现快速下降的态势。但低收入国家则不同,2005年之前,其指标值与中高、中低收入国家的趋势高度一致,但在2005年之后则迅速逆转。这说明全球金融市场化主要是由中等收入国家所推动的。

四、全球证券市场发展

证券市场是直接融资市场的主体。因此在衡量金融发展水平时,除了从金融中介的角度考量外,从证券市场发展的角度进行考察也是非常重要的一个方面。证券市场发展指标体系也从规模和效率两个角度构建。

1.证券市场规模指标

衡量证券市场的规模可以从一级市场和二级市场两个层面展开。二级市场规模指标主要是市场资本化比率,它包括两个次级指标,即国内股票市价总值/GDP和私人与公共债券市价总值/GDP。二级市场规模越大,企业的资本转移和风险分散能力越强。一级市场规模指标主要有股票发行总额/GDP和私人长期债券发行总额/GDP两个指标,它反映社会通过证券市场实现直接融资的规模。学者也会采用上市公司的数量作为衡量证券市场规模的辅助指标。

图3-12给出了样本期内全球股票市场市值与GDP比值的变化情况。显然在从20世纪70年代至今,全球股票市场的规模呈现迅速上升的趋势。由于股票市场的固有特征,该指标波动性很强,对经济危机、局部战争等因素反应非常敏感。例如在石油危机、海湾战争、东南亚金融危机和全球金融危机期间,指标下降幅度较大。

股票市场发展在不同收入水平国家之间也存在明显的差别。图3-13给出了按照收入水平分组的指标变动情况。与之前的多项指标类似,股

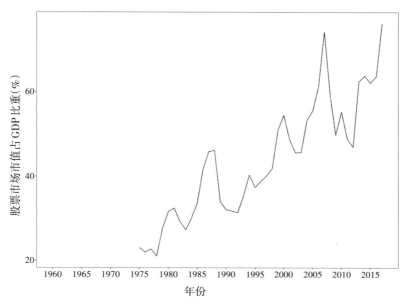

图3-12　股票市场市值与GDP比值

图3-13 分收入水平股票市场市值占GDP比重

票市场发展规模在高收入、中高收入和中低收入国家都呈现显著增长的
趋势,高收入国家股票市场规模最大,其后依次是中高收入国家和中低收
入国家。低收入国家的这一比率波动较大,但总体上在四组国家中最低。

2.证券市场效率指标

证券市场效率指标分为流动性指标、集中性指标和波动性指标三
大类。流动性指标通常用交易额与GDP的比值和换手率衡量,流动性
会改善资本配置,推进经济长期增长,它是证券市场发展的重要标志。
交易额与GDP比值是指有组织的股权交易规模占国民产出的份额,它
从总量的视角反映流动性;换手率即全部股份交易总值除以某一时点
的市价总值,换手率高反映出交易成本较低,或市场投机活跃。衡量集
中性的指标是最大的十种股票市值占市价总值的比重。通常而言,高
度集中性对市场的流动性将产生负面影响。市场波动性指标是根据市
场收益所作的一定时间间隔的移动标准差估计,通常低波动性意味着
证券市场发展程度高。

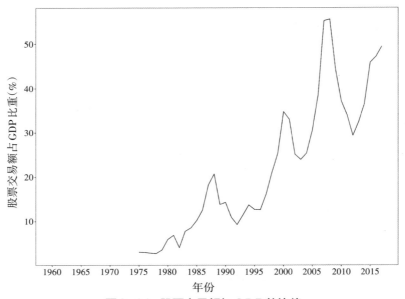

图3-14 股票交易额与GDP的比值

　　图3-14给出了用全球股票交易额与GDP比值衡量的证券市场效率的变化情况。显然证券市场效率指标在过去几年中呈现了增长趋势，这一点和股票市场规模指标是非常类似的，而且其波动形态也与之接近。指标波动性很强，对经济危机、局部战争等因素反应非常敏感。例如在石油危机、海湾战争、东南亚金融危机和全球金融危机期间，指标下降幅度较大。

　　股票市场效率在不同收入水平国家之间也存在明显的差别。图3-15给出了按照收入水平分组的指标变动情况。与之前的多项指标类似，股票市场效率在高收入、中高收入和中低收入国家都呈现显著增长的趋势，高收入国家股票市场效率水平最高，其后依次是中高收入国家和中低收入国家。低收入国家的这一比率波动较大，但总体上在四组国家中最低。折合其他指标的分收入水平分组特征基本一致。

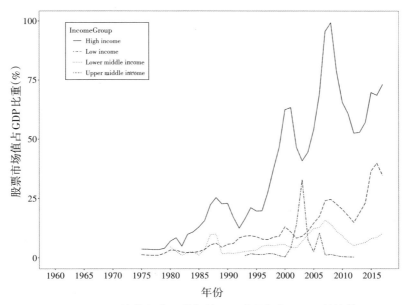

图3-15　按收入水平分组的股票交易额与GDP的比值

五、全球金融发展的特征总结

通过前面的分析可以将全球金融发展的特征与事实总结为以下几点。

第一,样本期内全球金融市场发展水平大幅提高,无论是金融深化水平、金融结构、金融市场化程度还是金融效率,都经历了快速提高的过程。

第二,衡量金融发展的规模性指标,例如金融深化水平、金融机构的资产规模、股票市场交易额、股票市场总市值等,其发展变化趋势与实体经济基本一致。在经济衰退期间,金融市场通常也处于萎缩期,而且实体经济衰退的越严重,金融市场萎缩越严重。

第三,金融发展在不同收入水平的国家分组间差异极大,高收入国家的金融发展水平最高,其后依次是中高收入国家、中低收入国家和低收入国家。

第二节　跨国公司国际生产分割的特征与事实

跨国公司的国际生产分割是微观市场主体在全球布局生产网络的具体体现,而全球价值链分工是这一微观主体行为在宏观上的结果或者呈现。研究跨国公司的国际生产分割可以分别从微观和行业层面展开。微观层面上,国际生产分割的结果是企业中间产品贸易规模扩大,但获取不同国家企业的中间产品贸易数据并不容易。行业层面上,国际生产分割表现为国家-行业层面的增加值贸易。本章基于行业层面的增加值贸易数据总结提炼跨国公司国际生产分割的特征与事实。

一、国际生产分割的测度方法

本书的目的是研究国家间的金融发展差异和行业间的融资约束差异如何影响跨国公司的国际生产分割,因此需要在国家和行业层面上测度国际生产分割。对于如何测度生产分割,可追溯到1955年Adelman对垂直一体化的测度指标的研究。Adelman用增加值与总产值(销售收入)的比值来衡量垂直一体化程度,其基本思想是,增加值占总产出的比重越高(或者中间投入的比重越低),说明生产链条越短,生产分割水平越低。这种测度方法满足了具有经济含义和可测度两项基本标准,被此后的实证研究广泛采用。

Adelman的测度指标主要用于微观企业的生产分割测度,而本书要在国家-行业层面上测度生产分割。在当前增加值贸易分析框架日益成熟和完善的背景下,现有关于国际生产分割的文献主要从两个角度展开。一是增加值贸易核算,也就是通过考察产品的国内外增加值构成的角度进行测度,其主要方法是计算一国特定产业出口中所包含的外国增加值占比,如果该比值较高,则说明生产分割水平较高,一体化程度较低(Hummels,Ishii and Yi,2001;Johnson and Noguera,2012;Koopman,Wang and Wei,2014)。二是价值链长度测算,生产长度定义为一个国家/部门的主要投入品到另一个国家/部门的最终产品之间的平均生产阶段数。这一定义具有非常明确的经济意义,在生产过程中使用的主要要素创造的增值的平均次数。例如Romero等(2009)提出平均传染步长(APL,Average Propagation Length)来衡量生产分割程度和经济复杂度。Fally(2011,2012)基于单国(区域)投入产出模型框架详细了阐述的两种测算生产分割长度的测度指标(上游度和生产阶段数)。倪红福等(2016)进一步将单国(区域)投入产出模型框架拓展到全球投入产出模型框架。在这一新分析框架中,全球生产分割长度可进一步分解为国际和国内生产分割长度,从而可以区分国际和国内的两种不同的经济结构含义。

本书采用基于增加值贸易核算的测度方法,用一国出口中的外国增加值占比(国际垂直专业化比率)衡量国际生产分割水平,该指标数值越大说明国际生产分割水平越高。该指标可以分别在国家和行业层面上测算。在具体测算方法方面,Koopman等(2010)将一国总出口分解为最终品出口的国内增加值、被进口国国内最终需求所吸收的中间品出口国内增加值、被进口国生产向第三国出口所吸收的中间品出口、返回的国内增加值和出口中的国外增加值五部分,给出了垂直专业化指标的计算方法(简称KPWW法)。Koopman等(2014)沿用KPWW法的思路,将一国总出口分解为九个部分,并且指出已有的垂直专业化量化指标只不过是总出口分解后某些部分的线性组合(简称KWW法)。Wang等(2013,2015)在KWW法的基础上将总出口进一步分解为十六个部分,提出了包括总出口、部门和双边层面在内的多层面总贸易流量分解法,标志着垂直专业化测度理论的基本成熟(简称WWZ法)。

文献中还会采用一国生产的出口品中被其他国家作为中间投入用于出口的部分占总出口的比重,也就是前向垂直专业化比率衡量国际生产分割。前向垂直专业化比率越高,则说明一国作为核心中间产品提供者的地位越高。后面的经验研究会系统检验金融发展对前向和后向专业化比率的影响,但在本章的特征与事实梳理中,仅使用后向垂直中专业化比率以避免可能的混乱。

二、特征与事实分析

(一)世界整体生产分割水平的变化

首先考察世界范围内跨国公司国际生产分割的总体发展趋势。随着国际生产分割程度的上升,产品生产被更广泛地分散于不同国家或地区,那么从宏观上看,各国出口中所包含的外国增加值会增加,VSS指数上升。表5-1展示了利用经济合作与发展组织(OECD)增加值贸易数据库(TiVA)数据计算的世界垂直专业化比率的年度指标。从总体范围来看(第1列),世界整体垂直专业化比率变化并不是很大,在2008年全球金融危机之前缓慢上升,从1995年得到8.22%到2008年的9.90%,其后略有下降,2018年为9.30%。在此过程中,经济合作与发展组织的垂直专业化比率变化幅度较大(第2列),从最初的3.48%上升为8.43,最高值为2012年的10.09%,东亚地区也呈现出非常相似的变化过程(第3列),从最初的9.85%上升为2018年的14.73%,最高值为2011年的17.24%。这种同步变动可能体现了较为发达的OECD经济体与东亚地区垂直产业关联的互动关系在增强。东盟地区(第4列)一直保持了较高的水平且在样本期间内明显上升。比较令人意外的是非OECD经济体(第5列)。它们的垂直专业化比率在样本期内总体呈现下降趋势,从最初的12.74%下降到了9.84%,仅为东亚地区在1995年的水平。世界其他地区在样本期间内保持高度稳定性(第6列)。整体而言,全球范围内国际生产分割水平略有上升,同时OECD经济体、东亚和东南亚国家联盟地区指标较大幅度上升,这意味着跨国公司的国际生产分割活动更加深入,各国更加深入地参与到产品内各生产环节的专业化分工体系中。

表5-1　世界垂直专业化比率的变化

单位:%

年份	（1）世界	（2）OECD	（3）东亚	（4）东盟	（5）非OECD	（6）世界其他地区
1995	8.22	3.48	9.85	26.75	12.74	9.84
1996	8.34	3.83	10.77	26.31	12.19	10.53
1997	8.40	3.94	11.28	27.18	12.47	10.23
1998	8.81	3.70	10.87	29.36	13.16	11.44
1999	9.01	3.88	10.53	29.55	13.04	10.88
2000	9.47	4.67	11.65	31.26	13.01	10.78
2001	9.14	4.55	11.68	30.51	12.45	11.13
2002	9.16	4.72	11.55	30.25	12.12	11.49
2003	9.41	4.99	12.18	30.10	12.19	12.02
2004	9.75	5.72	13.73	32.19	12.45	11.57
2005	9.61	6.64	14.68	32.71	11.39	11.05
2006	9.54	7.32	15.53	31.97	10.82	10.52
2007	9.70	7.84	16.02	31.05	10.75	10.83
2008	9.90	9.17	16.99	32.49	10.17	10.66
2009	8.77	7.59	14.43	29.18	9.34	9.96
2010	9.19	8.72	15.62	30.42	9.45	9.54
2011	9.76	10.03	17.24	31.15	9.37	10.18
2012	9.59	10.09	16.80	31.28	8.98	10.01
2013	9.36	9.57	16.37	31.40	8.97	9.84
2014	9.32	9.29	15.74	31.77	9.19	9.72
2015	8.94	8.14	13.40	31.03	9.43	9.74
2016	8.77	7.47	12.51	30.03	9.70	9.81
2017	9.13	8.03	13.57	31.42	9.93	9.89
2018	9.30	8.43	14.73	32.01	9.84	10.18

注:1.根据TiVA数据库计算;2.非OECD是指TiVA数据库所包含的66个经济体中的非OECD经济体;3.世界其他地区是指TiVA数据库所包含的66个经济体以外的地区。

　　(二)中国与主要贸易伙伴经济体的比较

　　接下来考察中国与主要贸易伙伴垂直专业化比率的差异。根据中国海关统计数据,2020年东盟、欧盟、美国、日本和韩国是中国前五大贸易伙伴,当年中国对这五大贸易伙伴的贸易额分别为4.74、4.5、4.06、2.2和1.97万亿元,分别增长7%、5.3%、8.8%、1.2%和0.7%。表5-2给出了自1995年至2018年中国与这五个经济体的垂直专业化比率变化的数据,为增强对比还加上了德国的数据。总体来看,韩国和东盟的垂直专业化比率比较高,而且都从1995年的26%左右上升到了2018年的32%左右,欧盟和日本的垂直专业化比率上升幅度较大,样本期间内,欧盟的指数翻了约一番,而日本则增长了将近两倍。相对而言中国和美国的垂直专业化比率上升幅度较小。考虑到在这期间,中国与主要贸易伙伴之间的中间品贸易规模增长速度远远超过最终产品贸易增速,可以认为跨国公司在这些经济体的国际生产分割活动更加深入,相关国家更加深入地参与到产品内各生产环节的专业化分工体系中。此外,中国的垂直专业化比率从1995年至加入世界贸易组织后的一段时间里持续上升,而在此之后则呈现出明显的下降趋势,2018年的比率接近2000年的水平。

　　中国与贸易伙伴的差异可能和两个因素紧密相关,第一个因素是经济体规模差异。由于工业生产具有较强的规模经济性质,对于规模较小的国家,市场规模往往无法支撑全产业链生产,在生产上就会更加强调专业化,这在产品内分工的模式下就表现为出口中必然包含较多的外国增加值。可以看到,德国和韩国收入水平都比较高,但这两个国家经济体规模(用GDP来衡量)要比中国小得多,垂直专业化比率也比中国高得多。第二个因素则可能和工业化进程有关。相对于美国、欧盟和日本三个高度成熟的工业化经济体,中国的工业化水平较低,但工业化进程不断加快,从而推动了国内价值链的不断完善,使企业能使用更多本国中间品生产,使用国外中间品生产比例下降。国际金融危机重创世界和发达国家经济的背景下,中国依然保持了较高的经济增速。

在进口中间品减少和成本上升的背景下,倒逼国内企业技术升级,提高产业链自给率。这可能是中国垂直专业化比率从2004年开始呈现明显下降的原因之一。

表5-2　中国与主要贸易伙伴垂直专业化比率比较

单位:%

年份	中国	东盟	欧盟28国	德国	美国	日本	韩国
1995	15.81	26.75	7.48	14.04	8.97	6.03	26.03
1996	15.32	26.31	7.72	14.55	8.88	6.86	27.63
1997	16.13	27.18	8.31	15.43	9.12	7.42	28.11
1998	14.34	29.36	8.21	15.71	9.05	6.79	28.29
1999	15.60	29.55	8.56	16.26	9.21	6.56	26.71
2000	17.50	31.26	10.27	18.84	10.10	7.49	29.25
2001	17.39	30.51	9.79	18.33	8.97	7.95	28.69
2002	18.11	30.25	8.93	17.01	8.89	7.98	28.60
2003	21.42	30.10	8.81	17.20	8.92	8.34	29.69
2004	23.84	32.19	9.44	18.14	10.08	9.35	32.03
2005	23.67	32.71	10.91	19.85	10.95	11.19	31.77
2006	22.38	31.97	12.14	21.56	11.54	13.04	33.72
2007	22.09	31.05·	12.45	22.06	11.74	14.48	34.13
2008	21.88	32.49	13.46	22.71	13.20	15.48	39.68
2009	17.15	29.18	11.61	18.75	9.43	11.28	36.97
2010	19.17	30.42	13.48	22.68	10.94	13.25	36.83
2011	20.52	31.15	14.81	24.71	12.68	15.23	41.02
2012	19.61	31.28	14.97	24.33	12.18	14.99	40.59
2013	18.90	31.40	14.19	23.60	11.46	16.57	37.28
2014	18.13	31.77	13.64	22.79	11.34	17.74	35.37
2015	15.92	31.03	13.18	22.47	9.63	15.56	31.54
2016	15.76	30.03	12.62	21.46	8.93	13.19	29.73
2017	17.04	31.42	13.30	22.25	9.24	14.57	30.89
2018	17.24	32.01	13.66	22.90	9.50	17.21	31.99

注:根据TiVA数据库计算。

（三）中国与典型发展中国家的比较

不仅中国的垂直专业化水平与发达国家存在较大差异,而且与其他发展中国家也有较大差异。表5-3给出了中国、印度、俄罗斯、巴西、墨西哥和越南六个国家的垂直专业化比率的对比。除了高度依赖自然资源的俄罗斯以外,其他几个大的发展中经济体的垂直专业化比率都远高于世界平均水平(表5-1)。还可以看出,在发展中国家中,国家规模也对垂直专业化比率具有重要的影响。中国、印度、巴西的经济体规模较大,国内产业链也比较完备,在工业生产上对进口中间品的依赖程度相对较低,垂直专业化比率也比较低,但对于规模较小的经济体,例如表中的墨西哥和越南,则生产上更依赖于外国中间品进口,垂直专业化比率较高。将表5-3和5-2进行比较可以进一步印证该结论。相对于大型发展中国家和发达国家,墨西哥和越南不仅经济规模要小得多,而且工业化水平也较低,其垂直专业化水平高于世界平均水平。

表5-3 中国与典型发展中国家垂直专业化的差异

单位:%

年份	中国	印度	俄罗斯	巴西	墨西哥	越南
1995	15.81	9.71	9.22	7.95	30.39	22.93
1996	15.32	10.08	7.28	8.17	30.58	26.56
1997	16.13	10.26	7.66	9.10	31.05	26.54
1998	14.34	10.41	8.82	9.17	33.31	26.72
1999	15.60	11.80	10.54	11.83	33.33	27.56
2000	17.50	12.86	9.80	13.18	33.25	29.90
2001	17.39	12.05	9.09	14.60	33.18	30.39
2002	18.11	13.05	9.24	13.83	33.11	32.49
2003	21.42	13.35	9.03	12.75	34.36	34.77
2004	23.84	14.85	8.23	13.22	34.03	35.39
2005	23.67	16.42	8.06	11.71	32.76	36.18
2006	22.38	17.87	7.90	11.46	33.35	38.08
2007	22.09	18.03	8.08	11.71	32.88	41.29

年份	中国	印度	俄罗斯	巴西	墨西哥	越南
2008	21.88	21.31	8.63	12.63	32.93	43.76
2009	17.15	19.79	8.82	10.45	33.91	40.40
2010	19.17	20.94	8.49	10.31	34.20	42.83
2011	20.52	24.07	8.51	10.28	32.90	43.97
2012	19.61	25.93	8.54	11.13	33.84	43.31
2013	18.90	24.46	8.45	11.61	33.33	43.82
2014	18.13	22.28	9.13	11.68	33.30	45.16
2015	15.92	17.82	9.46	13.07	34.92	47.18
2016	15.76	17.63	9.59	12.07	35.71	48.56
2017	17.04	18.61	9.09	11.62	35.88	50.34
2018	17.24	19.85	8.56	13.04	35.92	51.09

注:根据TiVA数据库计算。

（四）行业间差异

跨国公司的国际生产分割活动还要受到行业特征的影响。不同行业生产的"可分割性"存在差异。从要素禀赋理论来看,行业可分割性可能受到生产环节间要素密集度差异水平的影响,如果某种产品各生产环节的要素密集度差异较小,那么跨国公司将其分割并安排到不同国家的收益就较小,甚至国家间成本差异无法克服国家间的贸易成本。或者说在这种情况下,国际生产分割并不能有效利用国家间的生产成本差异。但如果各生产环节的要素密集度差异较大,则跨国公司更有动力实施国际生产分割。表5-4给出了国家-年份层面上各行业垂直专业化指标的统计性描述。由于篇幅的关系只列出了制造业行业的数据,其中行业按照垂直专业化指数的均值从小到大排列。可以看出,17个制造业行业垂直专业化指数的均值差异很大,从食品行业的23.08%到焦炭与石油行业的45.12%,后者几乎是前者的两倍,制造业的平均水平为31.88%。不仅如此,各行业在国家-年份层面上垂直专业化指数的最大值和最小值也存在非常显著的差异。

表5-4 国家-年份层面上各行业垂直专业化指标的统计性描述

单位:%

行业代码	行业名称	均值	方差	最小值	最大值
D10T12	Food products	23.08	108.8	2.09	56.78
D16	Wood	23.84	123.31	0	68.75
D21	Pharmaceuticals	24.04	136.3	0	72.73
D23	Non-metal minerals	24.66	113.37	0	63.24
D31T33	Other manufacturing	26.89	107.46	3.32	56.46
D17T18	Paper and printing	27.92	124.33	4.8	75
D13T15	Textiles and apparel	28.52	123.27	3.91	68.51
D25	Fabricated metals	31.41	150.76	0	100
D20	Chemicals	32.01	137.21	0	65.41
D22	Rubber and plastics	32.61	121.16	0	70.91
D28	Machinery	32.7	153.13	0	74.07
D30	Other transport	34.12	155.72	0	100
D27	Electrical machinery	34.47	158.09	0	78.09
D26	ICT and electronics	35.46	238.04	0	79.35
D24	Basic metals	35.69	226.47	0	79.79
D29	Motor vehicles	37.07	175.41	0	75.16
D19	Coke and petroleum	45.12	451.9	0	100
D10T33	Manufacturing average	31.88	160.4	6.4	72.05

三、跨国公司国际生产分割特征总结

跨国公司的国际生产分割是微观市场主体在全球布局生产网络的具体体现,而全球价值链分工这是这一微观主体行为在宏观上的结果或者呈现。本书采用基于增加值贸易核算的测度方法,即用一国出口中的外国增加值占比(国际垂直专业化比率)衡量国际生产分割水平,该指标数值越大说明国际生产分割水平较高。

从全球范围来看,世界整体垂直专业化比率从1995年至今略有上升。但国家间变化差异较大,经济合作与发展组织的垂直专业化比率从最初

的3.48%大幅上升为8.43,东亚地区也呈现出非常相似的变化过程。东盟地区一直保持了较高的水平且在样本期间内明显上升。非OECD经济体在此期间则大幅下降。

与主要贸易伙伴比,中国和美国的垂直专业化比率上升幅度较小,主要增长发生在1995年至加入世界贸易组织后的一段时间。与主要的发展中国家相比,中国、印度、巴西的经济体规模较大,国内产业链也比较完备,在工业生产上对进口中间品的依赖程度相对较低,垂直专业化比率也比较低,但对于规模较小的经济体,例如表中的墨西哥和越南,则生产上更依赖于外国中间品进口,垂直专业化比率较高。

跨国公司的国际生产分割活动还受到行业特征的影响。不同行业生产的"可分割性"存在差异。从要素禀赋理论来看,行业可分割性可能受到生产环节间要素密集度差异水平的影响。本书总结了制造业分行业的数据,17个制造业行业垂直专业化指数的均值差异很大,从食品行业的23.08%到焦炭与石油行业的25.12%,后者几乎是前者的两倍,制造业的平均水平为31.88%。不仅如此,各行业在国家-年份层面上垂直专业化指数的最大值和最小值也存在非常显著的差异。

第四章
金融规模与金融效率
对国际生产分割的影响

　　本章从规模与效率的视角分析金融发展对跨国公司国际生产分割的影响。在过去几十年中,很多国家将货币扩张作为刺激经济的重要手段,货币规模的扩张与产业发展之间存在脱钩现象,这对降低高融资依赖度行业的融资成本和改善风险分担可能并没有明显效果。相对于货币规模,金融市场效率对跨国公司的国际生产分割具有更重要的影响。基于跨国面板数据的经验研究发现,金融规模对后向垂直专业化比率具有显著的正向影响,说明单纯的金融规模扩大不利于一国承接更多、更高附加值的生产环节。相反,金融效率对后向垂直专业化比率具有显著负向影响。进一步研究发现,银行效率和资本市场效率对垂直专业化比率的影响存在差异。一方面,随着一国银行经营效率的提升,后垂直专业化比例显著下降;另一方面,在国家层面上用换手率衡量的资本市场效率则没有显著的影响。深入行业层面的研究表明,资本市场效率对大部分行业的后向垂直专业化比率都有显著的负向影响。总之,单纯金融规模扩大不利于一国承接高附加值生产环节,金融效率提高才有利于承接高附加值生产环节。扩展分析发现,金融效率提升对于前向垂直专业化具有促进作用,这意味着随着金融效率提升,一国作为核心零部件供给者的地位会上升,而作为核心零部件进口者的地位会相对下降,从而提升全球价值链地位。

第一节　影响机理分析

传统的国际分工模式是各国在最终产品生产上的分工,无论是产业间分工还是产业内分工,其本质都是一国出口自身具有比较优势的最终产品,换回其他国家所生产的其他最终产品。在这种分工模式下,比较优势不仅源自要素禀赋差异,而且金融市场的发展差异也会导致比较优势差异。那些具有较高金融发展水平的国家,在融资依赖程度较高的产品生产上会更具优势,这是因为融资依赖度较高的产品,其融资成本也相应较高,而一国在金融市场上的发展能够降低融资成本,并更好地发挥金融市场的风险配置作用。

当前的全球价值链分工模式是以垂直专业化为基础的生产环节分工(或者任务分工)新模式,以产业链条为纽带,基于参与国家和企业的自身要素禀赋优势而构建的突破传统地域界限的全球生产体系(刘志彪和吴福象,2018)。生产环节的分工同样遵循最基本的国际分工规律。由于一种产品生产的各个环节的要素密集度和融资依赖度不同,跨国公司在安排全球生产分割,构建全球生产网络时,便会将资本密集的生产环节安排到资本丰裕的国家完成,同样也会将外部融资依赖度较高的生产环节放到金融市场较为发达的国家完成。因此,在全球价值链分工体系下,国家间金融发展的差异和行业间(和生产环节间)融资依赖度差异是影响跨国公司国际生产分割的重要因素。

依照上述逻辑,本书分别从国家和行业两个层面上提出命题:

命题1:金融发展水平较高的国家能够承接较多高附加值生产环节,出口中的外国增加值占比相对较低。

命题2:上述影响在融资依赖度较高的行业上表现更为明显。

显然,这里强调的金融发展水平是金融效率,而不是货币规模意义上的金融发展。特别是在过去几十年中,各国大多把货币扩张作为刺激经济的重要手段的背景下,货币规模的扩张与产业发展之间脱钩现象会比较严重,对降低高融资依赖度行业的融资成本和改善风险分担可能并没有明显效果。因此相对于货币规模,金融市场效率对跨国公司国际生产分割具有更重要的影响。相反,货币规模上升甚至有可能导致较高的通货膨胀率,提升价格水平,降低一国在全球生产网络中的竞争力,对一国承接高附加值环节的能力产生负面影响。表4-1给出了初步证据,用世界银行世界发展指标(WDI)数据库中所有国家1960—2020年的实际GDP增长率、广义货币增长率对通货膨胀率作了面板数据回归,控制了个体效应和时间效应。很明显,在控制实际GDP增长率的条件下,广义货币增长率和通货膨胀率呈现很强的正相关关系,表明名义货币量过快增长会恶化宏观经济环境。

表4-1 广义货币增长率 vs 通货膨胀率

	通货膨胀率	
	(1)	(2)
名义货币增长率	0.845***	0.843***
	(0.007)	(0.007)
实际GDP增长率		−0.623***
		(0.030)
观测值	7,103	7,103
R^2	0.668	0.688
调整的 R^2	0.657	0.678
F Statistic	13,841.220*** (df = 1; 6876)	7,577.531*** (df = 2; 6875)

注:括号内为标准误,*** p<0.01, ** p<0.05, * p<0.1。

综合考虑上述分析,可以认为在跨国公司国际生产分割的条件下,金融效率较高的国家能够承接较多高附加值生产环节,出口中的外国增加值占比相对较低,或者后向垂直专业化比率更低。相反,金融规模的扩张有可能对后向垂直专业化比率影响较弱,甚至是负向影响。本章利用跨国面板数据,在国家层面上研究金融规模与金融效率对跨国公司国际生产分割的影响。为考察上述影响的行业一致性,还进一步采用分行业回归的研究方法。因此本章将按照如下逻辑展开:首先介绍计量模型、变量和数据;然后在国家层面上检验金融规模和金融效率对垂直专业化比率的影响,通过替换指标的方式检验用不同指标衡量的金融规模和金融效率影响的差异性;然后引入行业融资约束差异,检验金融效率对不同融资约束水平的行业国际生产分割的差异性。

第二节　计量模型、变量与数据

为研究金融发展对国际生产分割的影响,本书基于国家层面面板数据建立如下回归模型:

$$GVC_{it} = \beta_0 + \beta_1 FIN_{it} + \beta_2 X_{it} + \lambda_i + \eta_t + \varepsilon_{it}$$

其中i和t分别表示国家和年份,GVC是衡量国际生产分割的变量,用垂直专业化比率衡量,具体分为后向垂直专业化(VS)和前向垂直专业化(VS1)两种情况进行分析。FIN是金融规模($SCALE$)或金融效率($EFFY$),C是控制变量,包括经济开放度、经济规模、要素禀赋、技术水平等。λ_i和η_t分别为国家和地区固定效应、时间固定效应,ε_{it}为随机误差项。各变量具体含义和指标数据来源如下:

后向垂直专业化比率(VSS)。用一国出口中包含的国外增加值比例衡量,该比例越高说明一国的在全球价值链分工中的后向参与度越高。从国际生产分割的角度看,说明跨国公司会将部分生产环节置于该国,该国从其他国家进口部分中间产品(特别是较核心的中间产品),生产组装最终品后再出口。指标用UIBE全球价值链数据进行计算,指标覆盖了2010—2017年61个经济体,共计488个观测值。

前向垂直专业化比率(VSS1)。用一国的间接增加值占总出口的比重表示。间接增加值即一国出口到其他国家,经进口国加工后再出口的附加值。指标越高说明一国在全球价值链分工中的前向参与度越高。从国际生产分割的角度看,说明跨国公司在构建全球生产网络时,会将较核心中间品生产环节置于该国。指标用 UIBE 全球价值链数据进行计算,指标覆盖了 2010—2017 年 61 个经济体,共计 488 个观测值。

金融规模(SCALE)与金融效率(EFFY)。本书采用两种指标衡量金融规模,一是流动性负债与 GDP 的比值(llgdp),二是存款银行私人信贷规模与 GDP 的比值(pcrdbgdp)。金融效率也采用了两种指标,一是银行净利息边际(netintmargin),用于衡量银行体系的效率,二是证券市场换手率(stturnover),用于衡量资本市场效率。指标数据均来源于世界银行金融发展数据库。

控制变量。在回归分析中控制了要素禀赋、经济开放度、技术水平等一系列变量,主要包括:(1)经济开放度(topen)用进出口贸易额与 GDP 比值衡量,数据源于世界银行世界发展指标(WDI)数据库;(2)人力资本指数(hci),数据源于 Penn World Table 10.0 数据库(PWT);(3)人均资本(kcap)用人均物质资本处以人口数衡量,数据源于 PWT 10.0 数据库;(4)自然资源丰裕度(natural),用自然资源租金占 GDP 的比重表示,数据源于WDI 数据库;(5)技术水平(tfp)用全要素生产率衡量,数据源于 PWT 10.0数据库;(6)经济体规模(pop)用人口总量表示,基础设施水平(teu)用人均码头集装箱处理量衡量,科技水平(art)用人均科技论文发表量衡量,高科技产品出口(hitech)用高科技产品出口占总出口比重表示,数据均来自 WDI 数据库。

变量描述性统计见表 4-2。

表4-2　变量描述性统计

Statistic	N	Mean	St. Dev.	Min	Pctl(25)	Pctl(75)	Max
VSS	488	0.357	0.150	0.060	0.247	0.439	0.694
VSS1	488	0.145	0.060	0.018	0.108	0.173	0.393
llgdp	470	97.059	90.959	25.004	54.135	108.618	699.197
pcrdbgdp	463	77.580	43.497	10.861	44.700	106.554	218.944
netintmargin	482	3.027	1.965	0.330	1.527	3.927	12.891
stturnover	352	55.039	59.128	0.131	12.593	71.978	556.912
topen	483	110.167	79.211	22.772	57.895	137.631	442.620
pop	488	86.915	240.600	0.366	5.348	66.753	1,421.022
hci	480	3.012	0.554	1.559	2.676	3.431	3.974
kcap	488	155,960.900	111,376.200	6,272.680	55,375.120	240,933.600	465,056.000
natural	488	2.827	5.294	0.000	0.129	2.700	42.258
hitech	461	16.408	11.883	0.0001	7.967	22.553	61.555
tfp	424	0.692	0.187	0.204	0.567	0.823	1.325
art	480	844.669	730.832	3.922	88.520	1,396.693	2,698.351
teu	408	0.484	1.253	0.007	0.048	0.286	7.203

第三节　经验分析结果

本节提供金融规模与金融效率在影响跨国公司国际生产分割效果差异性的经验证据。如前所述,理论上讲,金融效率较高的国家能够承接较多高附加值生产环节,出口中的外国增加值占比相对较低,或者垂直专业化比率更低。但在很多国家采用扩张货币政策作为刺激经济工具的背景下,货币规模增长可能对一国承接更多高附加值生产环节的能力产生不利影响,因此金融规模的扩张有可能对垂直专业化比率影响较弱,甚至是负向影响。

一、金融规模的影响

通过第一节的分析,我们意识到金融发展有规模、效率、结构等多方面内涵,但显然金融规模和金融效率对跨国公司国际生产分割的影响可能是不同的。首先看用货币规模衡量的金融深化水平对国际生产分割的影响。表4-3给出了以流动性负债占GDP比重为解释变量的回归结果。为保证结果的可靠性,采用了逐步增加控制变量的方法。第(1)列只有流动性负债与GDP之比作为解释变量,第(2)列加入了经济开放度,第(3)列加入了反映要素禀赋的变量,包括人力资本水平、人均物质资本和自然资源禀赋。第(4)列加上了用全要素生产率衡量的技术水平和用总人口衡量的国家规模。最后一列加上了基础设施和科技水平等变量。回归中控制了国家和时间固定效应。

可以看出,金融发展规模与后向垂直专业化比率(VSS)显著正相关。这印证了上一节的猜想,单纯的金融规模扩大会导致一国全球价值链分工地位恶化,其原因是货币规模上升甚至有可能导致较高的通货膨胀率,提升价格水平,降低一国在全球生产网络中的竞争力,从而导致跨国公司在该国分配较少的价值增值环节,从全球价值链分工效果上看,表现为该国出口中所包含的外国增加值比重更高。为了进一步考察这一结论的可靠性,本书采用了替换解释变量的做法,用私人信贷占 GDP 比重替换流动性负债占 GDP 比重进行回归。结果在表 4-4 中给出,同样采取了逐步增加控制变量的方法,所得结果与表 4-4 是类似的。因此上述结论较为稳健。

表4-3　流动性负债规模对后向垂直专业化比率的影响

	（1）	（2）	（3）	（4）	（5）
log(llgdp)	0.024 (0.050)	0.102** (0.044)	0.133*** (0.045)	0.180*** (0.048)	0.160*** (0.051)
log(topen)		0.543*** (0.050)	0.546*** (0.053)	0.498*** (0.058)	0.477*** (0.074)
log(hci)			−0.414* (0.227)	−0.258 (0.240)	−0.298 (0.258)
log(kcap)			−0.040 (0.054)	−0.052 (0.057)	−0.075 (0.074)
log(natural + 1)			0.052** (0.025)	0.051** (0.025)	0.066** (0.030)
log(tfp)				0.0005 (0.052)	−0.047 (0.065)
log(pop)				−0.358* (0.209)	−0.522* (0.279)
log(teu)					−0.017 (0.034)
log(hitech)					0.037 (0.029)
log(art)					0.018 (0.033)
Observations	470	466	458	406	332
R²	0.001	0.231	0.257	0.284	0.287
F Statistic	0.233 （df=1;402）	59.676*** （df=2;397）	26.717*** （df=5;387）	19.249*** （df=7;340）	10.932*** （df=10;272）

注:括号内为标准误,*** p<0.01,** p<0.05,* p<0.1。

表4-4　私人信贷规模对后向垂直专业化比率的影响

解释变量	log(vss)				
	（1）	（2）	（3）	（4）	（5）
log(pcrdbgdp)	−0.049*	0.016	0.041	0.125***	0.127***
	（0.027）	（0.025）	（0.027）	（0.030）	（0.035）
log(topen)		0.559***	0.566***	0.502***	0.484***
		（0.052）	（0.055）	（0.058）	（0.075）
log(hc)			−0.340	−0.200	−0.311
			（0.236）	（0.240）	（0.262）
log(kcap)			−0.040	−0.081	−0.092
			（0.056）	（0.058）	（0.075）
log(natural + 1)			0.057**	0.066***	0.083***
			（0.026）	（0.025）	（0.030）
log(tfp)				0.030	0.0004
				（0.054）	（0.071）
log(pop)				−0.934***	−1.043***
				（0.232）	（0.292）
log(teu)					−0.032
					（0.036）
log(hitech)					0.030
					（0.034）
log(art)					0.011
					（0.034）
Observations	463	459	451	399	324
R^2	0.008	0.230	0.251	0.301	0.299
F Statistic	3.224*	58.324***	25.567***	20.501***	11.322***
	（df=1;396）	（df=2;391）	（df=5;381）	（df=7;334）	（df=10;265）

注：括号内为标准误，*** $p<0.01$，** $p<0.05$，* $p<0.1$。

上述结果意味着,不应就金融发展对国际生产分割的影响抱有想当然的先验结论。基于传统理论的推演,可以认为金融发展水平较高的国家,在融资依赖度较高的产业或者生产环节上应当更具优势。但用金融规模进行回归的结果却得出了完全相反的结果。这意味着,我们需要对金融发展做进一步分解或者挖掘,从金融效率和金融结构的角度检验其对国际生产分割的影响,并对其影响途径做更深入具体的研究。

二、金融效率的影响

金融效率提升会降低高融资依赖度生产环节的融资成本,帮助企业有效分散风险,因此理论上能够促使跨国公司将更多、更高附加值的生产环节安排至金融效率较高的国家完成,从而降低这些国家的后向垂直专业化比率。考虑到金融市场主要由银行和证券两个市场组成,本书分别考察两个市场效率的影响。Čihák 等(2012)强调,在各项可获得的指标中,银行净利息边际(或净利息收益率)能够更好地衡量银行系统效率,证券市场换手率能够更好地衡量证券市场效率。因此本书也分别采用这两种指标衡量两个市场的效率。

净利息收益率实际上是将利差收入的增长幅度与盈利资产增长幅度加以比较,净利息收益率的提高表明净利息收入的增长快于盈利资产的增长,银行在增加盈利资产的同时,较好地控制了利息成本,银行经营效率高。表4-5给出了银行体系效率对后向垂直专业化比率影响的回归结果。和前面的分析一样,采用国家层面面板数据回归,控制了国家个体效应和时刻效应,并通过逐步增加控制变量的方法考察回归结果稳健性。可以看出,随着一国银行经营效率的提升,后向垂直专业化比率显著下降。这在很大程度上验证了前面的猜想,即影响跨国公司国际生产分割的不是金融规模,而是金融效率。金融效率越高,一国能更好地承接高附加值生产环节,出口中的外国增加值比率越低。

表4-5 银行效率对后向垂直专业化比率的影响

解释变量	log(vss)				
	（1）	（2）	（3）	（4）	（5）
log(netintmargin)	−0.022	−0.048***	−0.049***	−0.052***	−0.067***
	(0.019)	(0.017)	(0.017)	(0.016)	(0.018)
log(topen)		0.561***	0.563***	0.475***	0.422***
		(0.050)	(0.053)	(0.057)	(0.069)
log(hc)			−0.282	−0.133	−0.443*
			(0.225)	(0.239)	(0.253)
log(kcap)			−0.035	−0.041	−0.120
			(0.055)	(0.058)	(0.076)
log(natural + 1)			0.037	0.034	0.064**
			(0.024)	(0.024)	(0.029)
log(tfp)				−0.012	−0.077
				(0.052)	(0.063)
log(pop)				−0.465**	−0.581**
				(0.210)	(0.275)
log(teu)					−0.017
					(0.035)
log(hitech)					0.053*
					(0.029)
log(art)					−0.002
					(0.032)
Observations	482	477	469	417	336
R^2	0.003	0.238	0.253	0.269	0.293
Adjusted R^2	−0.161	0.109	0.120	0.131	0.139
F Statistic	1.363	63.653***	26.962***	18.391***	11.394***
	(df=1;413)	(df=2;407)	(df=5;397)	(df=7;350)	(df=10;275)

注:括号内为标准误,*** $p<0.01$,** $p<0.05$,* $p<0.1$。

相应地,表4-6给出了证券市场换手率对垂直专业化比率的回归结果。但令人惊讶的是,虽然从理论上讲,证券市场为企业提供了更加便捷、高效的直接融资途径,而且直接金融市场往往需要一国在制度环境,如金融市场规范、契约之行、投资者保护等方面有更好的基础,从而能够为企业提供更好的融资和风险分散途径,应该能够促使跨国公司将更多高价值生产环节安排到证券市场效率较高的国家。但从回归结果上看,证券市场效率的提高似乎对后向垂直专业化比率并没有显著影响。在后面的分析中,本书还在行业层面上考察了证券市场效率对后向垂直专业化比率的影响。发现证券市场效率提高对于大部分行业,特别是高技术行业的后向垂直专业化比率有显著的负向影响,表4-6的回归结果可能是行业间影响相互抵消的结果。

表4-6 证券市场效率对后向垂直专业化比率的影响

解释变量	log(vss)				
	(1)	(2)	(3)	(4)	(5)
log(stturnover)	−0.007 (0.013)	0.002 (0.011)	0.004 (0.011)	0.012 (0.016)	0.003 (0.019)
log(topen)		0.542*** (0.056)	0.534*** (0.058)	0.509*** (0.066)	0.446*** (0.080)
log(hc)			−0.162 (0.238)	−0.299 (0.266)	−0.572** (0.287)
log(kcap)			−0.086 (0.078)	−0.114 (0.081)	−0.144 (0.090)
log(natural + 1)			0.023 (0.028)	0.031 (0.031)	0.085** (0.035)
log(tfp)				−0.112* (0.066)	−0.155** (0.077)
log(pop)				0.031 (0.310)	0.339 (0.412)
log(teu)					0.031 (0.043)

续表

解释变量	log(vss)				
	（1）	（2）	（3）	（4）	（5）
log(hitech)					0.058* (0.035)
log(art)					0.011 (0.038)
Observations	352	352	352	331	276
R²	0.001	0.248	0.254	0.249	0.270
F Statistic	0.286 (df=1;288)	47.235*** (df=2;287)	19.323*** (df=5;284)	12.518*** (df=7;265)	7.960*** (df=10;215)

注:括号内为标准误,*** $p<0.01$,** $p<0.05$,* $p<0.1$。

对比金融效率与金融深化对垂直专业化比率影响的差异可以认为,前面的理论分析具有合理性。罗纳德·麦金农和爱德华·S.肖的金融深化理论主要针对发展中国家普遍存在的金融抑制现象提出,强调应提高发展中国家的经济货币化水平。但本书研究所用国家样本大部分为发达国家,不存在严重的金融抑制现象。样本中的发展中国家在过去几十年中也大多放弃金融抑制政策,推行金融自由化或金融深化。金融深化指标改善主要表现为货币和信贷规模的上升,而这很难提升一国对高附加值生产环节的承接,反而可能在货币扩张之下导致宏观经济环境恶化,从而抑制对高附加值生产环节的承接能力。相反,金融效率提升会降低高融资依赖度生产环节的融资成本,并帮助企业有效分散风险,跨国公司会将更多、更高附加值的生产环节安排至金融效率较高的国家完成,从而降低金融效率较高国家的后向垂直专业化比率。

三、金融效率影响的进一步探讨

前面的分析主要针对金融规模与金融效率对后向垂直专业化指数(VSS)的影响。在全球价值链分工中,一国前向垂直专业化比率(VSS1)或前向参与度(Forward Participation)较高意味着该国在产品生产中能够提供较为核心的零部件,在全球生产链条处于较前端的位置。前面的分析表明,金融效率较高的国家在高技术和高附加值生产环节上更具优势,因此一个很自然的推论就是,这些国家应当有更高的前向垂直专业化比率。因此本书还就金融效率对前向垂直专业化比率的影响进行了检验。

先看银行效率的影响。以银行经营效率作为解释变量的计量结果在表4-7中给出,可以看出银行效率对前向垂直专业化比率的影响并不显著,或者说银行效率提升并没有显著提升一国在间接附加值出口方面的优势。金融效率提升在前向参与度和后向参与度上不同的影响意味着,随着金融效率提升,虽然一国作为核心零部件供给者的地位没有显著上升,但作为核心零部件进口者的地位却相对下降,这将导致该国全球价值链地位的上升。作为核心零部件提供者和进口者的相对低位是Koopman全球价值链地位指数构建的内在逻辑,全球价值链上游的国家以向其他国家提供原材料或中间品形式参与全球价值链,因此其国内间接增加值出口比率高于国外增加值出口部分,所显示的全球价值链地位指数可能较高;反之,处于全球价值链下游的国家因大量使用国外的进口中间品来生产最终品进行出口,国外增加值出口部分要大于国内间接增加值出口,因此其全球价值链地位指数可能较低。因此为验证这一猜想,表4-8以Koopman全球价值链地位指数作为被解释变量进行了回归。和预想一致,金融效率提升能够促进一国全球价值链地位的提高。

表4-7 银行效率对前向垂直专业化比率的影响

	VSS1				
	(1)	(2)	(3)	(4)	(5)
log(netintmargin)	0.025 (0.019)	0.023 (0.016)	0.017 (0.016)	0.023 (0.016)	0.023 (0.018)
log(topen)		−0.174*** (0.047)	−0.182*** (0.049)	−0.250*** (0.056)	−0.240*** (0.069)

续表

	VSS1				
	（1）	（2）	（3）	（4）	（5）
log(hc)			0.298 (0.210)	0.188 (0.237)	0.279 (0.253)
log(kcap)			−0.044 (0.051)	−0.122** (0.057)	−0.0001 (0.076)
log(natural + 1)			0.008 (0.023)	−0.0002 (0.024)	−0.030 (0.029)
log(tfp)				0.055 (0.052)	0.085 (0.064)
log(pop)				−0.504** (0.208)	−0.244 (0.276)
log(teu)					−0.054 (0.035)
log(hitech)					−0.0003 (0.029)
log(art)					−0.048 (0.032)
Observations	482	477	469	417	336
R2	0.004	0.034	0.038	0.073	0.089
F Statistic	1.767 (df=1;413)	7.180*** (df=2;407)	3.170*** (df=5;397)	3.918*** (df=7;350)	2.688*** (df=10;275)

注:括号内为标准误,*** $p<0.01$,** $p<0.05$,* $p<0.1$。

表4-8　银行效率对全球价值链地位的影响

	log(gvc_position + 1)				
	(1)	(2)	(3)	(4)	(5)
log(netintmargin)	0.006	0.011**	0.010**	0.012**	0.013**
	(0.005)	(0.005)	(0.005)	(0.005)	(0.006)
log(topen)		−0.107***	−0.110***	−0.112***	−0.104***
		(0.014)	(0.015)	(0.018)	(0.023)
log(hc)			0.089	0.061	0.094
			(0.064)	(0.076)	(0.083)
log(kcap)			−0.001	−0.015	0.017
			(0.015)	(0.019)	(0.025)
log(natural + 1)			−0.002	−0.003	−0.013
			(0.007)	(0.008)	(0.009)
log(tfp)				0.017	0.037*
				(0.017)	(0.021)
log(pop)				−0.022	0.079
				(0.067)	(0.091)
log(teu)					−0.011
					(0.011)
log(hitech)					−0.001
					(0.010)
log(art)					−0.007
					(0.011)
Observations	482	477	469	417	336
R^2	0.004	0.127	0.132	0.130	0.162
F Statistic	1.475	29.553***	12.059***	7.503***	5.324***
	(df=1;413)	(df=2;407)	(df=5;397)	(df=7;350)	(df=10;275)

注:括号内为标准误,*** $p<0.01$,** $p<0.05$,* $p<0.1$。

再来考察证券市场效率的影响。前面的分析中证券市场效率对国家层面的后向垂直专业化比率似乎没有显著的影响,但很有可能对前向垂直专业化比率具有显著影响。于是本书进一步考察了证券市场效率对前向垂直专业化比率的影响,结果在表4-9的第(1)(2)列给出,发现证券市场效率对前向垂直专业化比率并没有显著的影响。第(3)(4)列还考察了其对 Koopman 全球价值链地位指数的影响,结果也并不显著。这一结果并不符合理论预期,在后续的研究中本书还会进一步考察其在行业层面上影响的差异性。

表4-9 证券市场效率的影响

	VSS1		log(gvc_position + 1)	
	(1)	(2)	(3)	(4)
log(stturnover)	0.010	0.029*	−0.001	0.003
	(0.015)	(0.017)	(0.005)	(0.006)
log(topen)	−0.291***	−0.323***	−0.126***	−0.125***
	(0.060)	(0.071)	(0.020)	(0.024)
log(hc)	0.401*	0.331	0.127	0.116
	(0.242)	(0.255)	(0.079)	(0.084)
log(kcap)	0.053	0.091	0.035	0.039
	(0.074)	(0.080)	(0.024)	(0.027)
log(natural + 1)	0.031	−0.012	0.007	−0.010
	(0.028)	(0.031)	(0.009)	(0.010)
log(tfp)	0.135**	0.110	0.051**	0.057**
	(0.060)	(0.068)	(0.020)	(0.023)
log(pop)	−0.713**	−1.070***	−0.156*	−0.245**
	(0.282)	(0.366)	(0.092)	(0.121)
log(teu)		−0.118***		−0.035***
		(0.038)		(0.013)
log(hitech)		0.025		0.009
		(0.031)		(0.010)
log(art)		−0.042		−0.008
		(0.033)		(0.011)
Observations	331	276	331	276
R^2	0.116	0.180	0.178	0.232
F Statistic	4.977***	4.726***	8.179***	6.508***
	(df = 7; 265)	(df = 10; 215)	(df = 7; 265)	(df = 10; 215)

注:括号内为标准误,*** p<0.01,** p<0.05,* p<0.1。

四、金融效率影响的行业差异性

在国家层面金融效率对国际生产分割影响的分析中,银行效率和证券市场效率的影响存在差异,银行效率提升能够显著降低一国的后向垂直专业化比率,提升全球价值链分工地位,而证券市场效率则没有显著影响,这和理论分析结论并不一致。一个可能的原因是,证券市场对于不同行业的影响是不同的,而行业间的效应相互抵消,因此在国家层面上证券市场效率的回归系数并不显著。因此,本书进一步进行分行业回归。

UIBE全球价值链数据库中,制造业行业按照技术水平被划分为高、中、低三类,高技术行业包括化工、金属加工、机械、电子、光学等产业,中技术行业包括橡胶塑料、分金属采掘,低技术行业包括食品饮料、纺织品、木制品等(如表4-10所示)。在分行业分析中还必须考虑行业间融资约束差异的影响。本书借鉴利用上市公司财务数据计算企业外部融资约束的KZ指数,并用行业内企业KZ指数的中位数作为行业融资约束的替代指标。在回归结果中,行业按照低技术、中技术和高技术三组进行排列,组内则按照行业融资约束水平从低到高排列,以便考察行业融资约束的影响。

表4-10　行业技术水平分组及其融资约束水平

行业代码	行业名称	KZ指数	技术水平分组
c3	Food, Beverages and Tobacco	0.710	低技术
c4	Textiles and Textile Products	0.971	低技术
c5	Leather, Leather and Footwear	0.472	低技术
c6	Wood and Products of Wood and Cork	1.027	低技术
c7	Pulp, Paper, Paper , Printing and Publishing	1.499	低技术
c8	Coke, Refined Petroleum and Nuclear Fuel	1.511	低技术
c9	Chemicals and Chemical Products	0.87	高技术

行业代码	行业名称	KZ指数	技术水平分组
c10	Rubber and Plastics	1.039	中技术
c11	Other Non-Metallic Mineral	1.276	中技术
c12	Basic Metals and Fabricated Metal	1.514	高技术
c13	Machinery，Nec	1.304	高技术
c14	Electrical and Optical Equipment	1.069	高技术
c15	Transport Equipment	1.186	高技术
c16	Manufacturing，Nec; Recycling	1.265	低技术

为加强对比,首先在表4-11中给出了银行效率各行业后向垂直专业化比率的回归结果。可以看出银行效率对大部分行业的垂直专业化比率有显著的负向影响。说明对于大部分制造业行业,银行效率的提升会提高企业融资效率、降低融资成本,有助于分散企业风险,从而提高一国承接这些行业高附加值环节的能力,从而导致后向垂直专业化比率的下降。但是,对比行业分组间和组内回归系数显著度和绝对值可以发现,在组间回归系数的显著度和绝对值水平的差异并不明显。而且在组内回归系数的显著度和绝对值水平也并非随着外部融资依赖度的上升而显著提升。因此一个初步结论是,银行效率对于提升一国在高附加值环节的优势具有显著作用,而且这种作用在大部分行业都存在。

表4-11　银行效率对行业后向垂直专业化率的影响

	log(vss)													
	低技术							中技术			高技术			
	c5	c3	c4	c6	c16	c7	c8	c10	c11	c9	c14	c15	c13	c12
	(1)	(2)	(4)	(5)	(9)	(12)	(13)	(6)	(10)	(3)	(7)	(8)	(11)	(14)
log(netintmargin)	-0.041 (0.044)	-0.067*** (0.020)	-0.066*** (0.023)	-0.072*** (0.026)	-0.022 (0.025)	-0.046** (0.022)	-0.104** (0.042)	-0.039** (0.018)	-0.033 (0.021)	-0.038 (0.023)	-0.085*** (0.023)	-0.050** (0.021)	-0.065*** (0.025)	-0.045** (0.017)
log(topen)	0.817*** (0.174)	0.647*** (0.079)	0.730*** (0.089)	0.488*** (0.101)	0.562*** (0.098)	0.530*** (0.087)	-0.267* (0.159)	0.525*** (0.070)	0.622*** (0.083)	0.440*** (0.089)	0.584*** (0.091)	0.620*** (0.083)	0.662*** (0.096)	0.570*** (0.067)
log(hc)	0.318 (0.881)	-1.127*** (0.289)	-0.910*** (0.327)	0.144 (0.372)	-0.335 (0.360)	-0.635** (0.321)	-0.968* (0.582)	-0.525** (0.256)	-0.270 (0.303)	-0.586* (0.327)	-0.855** (0.333)	-0.523* (0.303)	-0.840** (0.351)	-0.472* (0.246)
log(kcap)	0.317* (0.191)	0.019 (0.087)	-0.211** (0.098)	0.355*** (0.112)	-0.146 (0.108)	0.107 (0.097)	-0.326* (0.175)	-0.077 (0.077)	-0.158* (0.091)	-0.025 (0.098)	0.130 (0.100)	-0.091 (0.091)	0.097 (0.106)	0.057 (0.074)
log(natural+1)	0.087 (0.073)	0.023 (0.033)	0.022 (0.037)	0.062 (0.042)	0.096** (0.041)	0.013 (0.036)	0.103 (0.066)	0.110*** (0.029)	0.057* (0.034)	0.116*** (0.037)	0.084** (0.038)	0.033 (0.034)	0.105*** (0.040)	0.062** (0.028)
log(tfp)	0.305* (0.160)	-0.019 (0.073)	0.062 (0.082)	-0.057 (0.093)	-0.196** (0.091)	-0.107 (0.081)	-0.250* (0.146)	-0.104 (0.064)	0.077 (0.076)	-0.022 (0.082)	-0.001 (0.084)	0.094 (0.076)	-0.038 (0.088)	0.139** (0.062)
log(pop)	-1.283* (0.694)	-0.089 (0.315)	-0.248 (0.356)	-1.017*** (0.405)	-0.290 (0.393)	-1.405*** (0.350)	-1.946*** (0.634)	0.480** (0.279)	0.721*** (0.330)	-0.115 (0.356)	-0.055 (0.363)	0.135 (0.330)	0.235 (0.383)	0.105 (0.268)
log(teu)	-0.057 (0.088)	-0.087** (0.040)	-0.042 (0.045)	0.011 (0.051)	-0.035 (0.049)	-0.039 (0.044)	0.033 (0.080)	0.042 (0.035)	-0.088** (0.042)	-0.015 (0.045)	-0.012 (0.046)	-0.071* (0.042)	-0.060 (0.048)	-0.058* (0.034)
log(hitech)	-0.141* (0.074)	0.079** (0.034)	-0.048 (0.038)	-0.063 (0.043)	-0.003 (0.042)	-0.056 (0.037)	0.235*** (0.068)	0.056** (0.030)	0.084** (0.035)	0.042 (0.038)	0.043 (0.039)	0.037 (0.035)	0.034 (0.041)	0.074** (0.029)
log(art)	0.010 (0.081)	-0.038 (0.037)	0.030 (0.042)	0.034 (0.047)	0.034 (0.046)	0.009 (0.041)	0.300*** (0.074)	0.066** (0.033)	0.109*** (0.039)	0.077* (0.042)	-0.075* (0.042)	-0.078** (0.039)	0.027 (0.045)	0.083*** (0.031)
Observations	327	336	336	336	336	336	334	336	336	336	336	336	336	336
R^2	0.155	0.340	0.318	0.206	0.214	0.286	0.166	0.288	0.224	0.174	0.279	0.282	0.246	0.303
F Statistic	4.890*** (df=10;266)	14.171*** (df=10;275)	12.813*** (df=10;275)	7.132*** (df=10;275)	7.490*** (df=10;275)	11.013*** (df=10;275)	5.447*** (df=10;274)	11.114*** (df=10;275)	7.953*** (df=10;275)	5.774*** (df=10;275)	10.620*** (df=10;275)	10.810*** (df=10;275)	8.960*** (df=10;275)	11.934*** (df=10;275)

表4-12 证券市场效率对行业后向垂直专业化率的影响

	低技术						中技术				高技术			
	c5	c3	c4	c6	c16	c7	c8	c10	c11	c9	c14	c15	c13	c12
	(1)	(2)	(4)	(5)	(9)	(12)	(13)	(6)	(10)	(3)	(7)	(8)	(11)	(14)
							$\log(vss)$							
log(stturnover)	0.002 (0.044)	-0.026 (0.021)	0.003 (0.023)	-0.142*** (0.025)	-0.047* (0.024)	-0.033 (0.023)	-0.009 (0.043)	-0.050*** (0.018)	-0.065*** (0.022)	-0.053** (0.023)	-0.080*** (0.023)	-0.065*** (0.020)	-0.102*** (0.025)	-0.053*** (0.017)
log(topen)	0.758*** (0.181)	0.692*** (0.089)	0.740*** (0.096)	0.449*** (0.106)	0.604*** (0.103)	0.637*** (0.099)	-0.213 (0.181)	0.588*** (0.076)	0.712*** (0.094)	0.574*** (0.098)	0.497*** (0.095)	0.614*** (0.086)	0.596*** (0.105)	0.589*** (0.070)
log(hc)	-0.500 (0.910)	-1.132*** (0.318)	-0.892** (0.344)	0.003 (0.378)	-0.090 (0.369)	-0.660* (0.353)	-1.291*** (0.646)	-0.377 (0.272)	-0.064 (0.334)	-0.254 (0.350)	-0.798*** (0.341)	-0.591** (0.307)	-0.785*** (0.376)	-0.442* (0.252)
log(kcap)	0.442** (0.203)	0.085 (0.100)	-0.111 (0.108)	0.400*** (0.119)	-0.130 (0.116)	0.113 (0.111)	-0.564*** (0.203)	-0.035 (0.085)	-0.145 (0.105)	0.052 (0.110)	0.188* (0.108)	-0.030 (0.097)	0.189 (0.118)	0.121 (0.079)
log(natural+1)	0.113 (0.082)	0.044 (0.039)	0.032 (0.042)	0.111** (0.047)	0.102** (0.045)	-0.010 (0.044)	0.110 (0.080)	0.121*** (0.033)	0.020 (0.041)	0.068 (0.043)	0.130*** (0.042)	0.064** (0.038)	0.105** (0.046)	0.068** (0.031)
log(tfp)	0.245 (0.173)	-0.048 (0.085)	-0.006 (0.092)	-0.116 (0.101)	-0.268*** (0.099)	-0.087 (0.095)	-0.461*** (0.173)	-0.091 (0.073)	0.160* (0.090)	0.056 (0.094)	-0.050 (0.091)	0.089 (0.082)	-0.035 (0.101)	0.157** (0.068)
log(pop)	-0.959 (0.945)	0.973** (0.456)	0.500 (0.494)	0.272 (0.543)	0.588 (0.530)	-0.293 (0.507)	0.514 (0.928)	1.381*** (0.390)	1.262*** (0.480)	0.409 (0.502)	0.682 (0.492)	1.320*** (0.441)	0.596 (0.540)	0.766** (0.361)
log(teu)	-0.050 (0.097)	-0.002 (0.047)	-0.022 (0.051)	0.119** (0.056)	0.061 (0.055)	-0.022 (0.053)	0.140 (0.096)	0.122*** (0.041)	-0.107** (0.050)	0.029 (0.052)	0.073 (0.051)	-0.024 (0.046)	-0.033 (0.056)	-0.055 (0.038)
log(hitech)	-0.130 (0.079)	0.073* (0.039)	-0.075* (0.042)	-0.013 (0.046)	-0.036 (0.045)	-0.062 (0.043)	0.149* (0.079)	0.027 (0.033)	0.062 (0.041)	0.012 (0.043)	0.102** (0.043)	0.105*** (0.037)	0.043 (0.046)	0.071** (0.031)
log(art)	-0.068 (0.085)	-0.045 (0.042)	0.029 (0.045)	0.005 (0.050)	0.060 (0.048)	-0.009 (0.046)	0.285*** (0.085)	0.057 (0.036)	0.090** (0.044)	0.075 (0.046)	-0.069 (0.045)	-0.079* (0.040)	-0.016 (0.049)	0.061* (0.033)
Observations	270	276	276	276	276	276	276	276	276	276	274	276	276	276
R2	0.181	0.359	0.323	0.315	0.278	0.288	0.122	0.360	0.283	0.219	0.330	0.337	0.301	0.361
Adjusted R2	-0.054	0.180	0.134	0.124	0.076	0.090	-0.123	0.182	0.083	0.001	0.141	0.152	0.106	0.182
F Statistic	4.624*** (df = 10; 209)	12.050*** (df = 10; 215)	10.261*** (df = 10; 215)	9.908*** (df = 10; 215)	8.267*** (df = 10; 215)	8.717*** (df = 10; 215)	2.995*** (df = 10; 215)	12.117*** (df = 10; 215)	8.482*** (df = 10; 215)	6.030*** (df = 10; 215)	10.472*** (df = 10; 213)	10.930*** (df = 10; 215)	9.262*** (df = 10; 215)	12.126*** (df = 10; 215)

接下来考察证券市场效率对国际生产分割的影响。表4-12以证券市场转手率作为证券市场效率的衡量指标，行业按照低技术、中技术和高技术三组进行排列，组内则按照行业融资约束水平从低到高排列，以便考察行业融资约束的影响。与表4-11对比可以发现以下两个方面。一方面，证券市场效率对大部分行业的后向垂直专业化比率都有显著负向影响，说明随着证券市场效率的提升，企业融资效率提高，融资成本降低，而且能够更有效地分散风险，从而提高了一国承接这些行业高附加值环节的能力，导致后向垂直专业化比率的下降。另一方面，对比行业分组间和组内回归系数显著度和绝对值可以发现，在组间回归系数的显著度和绝对值水平的差异显著，低技术行业分组中，证券市场效率提升仅对少数行业的垂直专业化比率下降具有显著作用，而在中技术和高技术行业分组中，能够显著降低所有行业的后向垂直专业化比率，而且这种效应对高技术行业而言更强。

对比银行效率和证券市场效率的影响可以发现，后者的影响随着行业技术水平的提高和融资依赖度的提高而增强。为什么会存在这种差异呢？本书认为，银行体系作为金融体系最基础的组成部分，在很大程度上起到了金融基础设施的作用，对经济运行和产业发展具有保障意义，对国际生产分割的影响具有普遍性。但证券市场则不同，既是价值直接交换的场所，也是风险直接交换的场所。术水平较高的行业，融资约束水平较高，风险水平也更高，因此我们能够观察到证券市场效率在低技术行业样本中作用并不明显，而在中、高技术行业样本中更明显。从这个意义上看，金融系统中证券市场占比，或者说金融发展的结构特征，对于跨国公司国际生产分割可能具有重要的影响。因此下一章中，本书将重点对金融结构的国际生产分割效应进行检验。

第四节 本章小结

本章从金融规模与效率特征的视角,分析金融发展对国际生产分割的影响。传统的国际分工模式是各国在最终产品生产上的分工,比较优势不仅源自要素禀赋差异,而且金融市场的发展差异也会导致比较优势差异。那些具有较高金融发展水平的国家,在融资依赖程度较高的产品生产上会更具优势,这是因为融资依赖度较高的产品,其融资成本也相应较高,而一国在金融市场上的发展能够降低融资成本,并更好地发挥金融市场的风险配置作用。而在当前产品内分工的模式下,金融发展的作用体现为金融发展水平较高的国家在融资依赖度较高的生产环节(或者任务)上具有比较优势。基于跨国面板数据进行经验分析,本章得到了如下结论。

首先,相对于货币规模,金融市场效率对跨国公司国际生产分割具有更重要的影响。金融规模对后向垂直专业化比率具有显著的正向影响,说明单纯的金融规模扩大不利于一国承接更多、更高附加值的生产环节。相反,金融效率对后向垂直专业化比率具有显著负向影响,说明金融效率提升有利于一国承接更多、更高附加值的生产环节。由于在过去几十年中,很多国家将货币扩张作为刺激经济的重要手段,货币规模的扩张与产业发展之间脱钩现象日益严重,因此金融规模扩大不利于一国承接高附加值生产环节,金融效率提高则有利于承接高附加值生产环节。

其次,在国家层面上,金融效率提升对于前向与后向垂直专业化比率的影响是不同的。理论上讲,随着金融效率提升,一国作为核心零部件供给者的地位会上升,而作为核心零部件进口者的地位会相对下降,从而导致该国全球价值链地位的上升。经验研究表明,银行经营效率较高的国家后向垂直专业化比率较低,但该变量对前向垂直专业化比率的影响并不显著,银行体系效率提升能够促进全球价值链分工地位提升。但在国家层面上,证券市场效率对前向与后向垂直专业化比率都没有显著的影响。

最后,在行业层面上,金融效率提升对国际生产分割具有显著的影响,特别是证券市场效率在技术水平较高、融资依赖度较高的行业上更为显著。银行体系作为金融体系最基础的组成部分,在很大程度上起到了金融基础设施的作用,对经济运行和产业发展具有保障意义,对国际生产分割的影响具有普遍性。证券市场则既是价值直接交换的场所,也是风险直接交换的场所,技术水平较高的行业,融资约束水平较高,风险水平也更高,证券市场效率在低技术行业样本中作用并不明显,在中、高技术行业样本中更明显。

第五章
金融结构与融资约束
对国际生产分割的影响

本章研究宏观金融结构对国际生产分割的影响。金融市场有两个重要组成部分,以银行为主导的信贷市场和以市场为主导的证券市场。前者以银行作为金融中介,连接资金供需双方,属于间接金融。后者直接连接资金供求双方,属于直接金融。本书所指的宏观金融结构即为直接金融和间接金融的相对规模。两类金融的运行机制不同,对企业融资成本和风险分散的影响也不同,从而在行业或者国家层面上影响承接高附加值环节的能力,对跨国公司国际生产分割布局发生作用。国家层面的面板数据回归结果表明,随着一国金融结构的改善,其后向垂直专业化比例显著下降,出口中的外国增加值比例降低。进一步采用分行业回归发现,在融资约束较高的行业上,金融结构改善对于降低垂直专业化比率的作用更明显。

第一节　影响机理分析

一、直接影响途径

直接途径是指金融结构通过影响企业进入出口市场固定成本"直接"影响国际生产分割。异质性企业理论强调,出口存在固定成本,只有企业生产率能够克服出口固定成本时才能进入出口市场。在包含金融部门的模型中,容易获得融资的企业更有机会克服出口固定成本。企业从事生产任务的附加值水平不同,其面临的融资约束或者出口固定成本也存在差异,Manova 和 Yu(2016)发现面临严重融资约束的企业倾向于生产和出口低质量产品,这也就意味着高附加值生产环节的出口固定成本更高,企业面临的融资约束也更强。马述忠等(2017)发现高生产率企业从事全球价值链较高环节的进料加工,低生产率企业从事较低环节的来料加工;高价值生产环节更可能面临融资约束困境,因而约束小的企业位于价值链的较高环节,融资约束小和生产率高的企业向高价值链环节攀升的概率更大。

银行和资本市场是企业获取外部融资的两种主要渠道。鉴于股权融资的特点,通过资本市场获得资金可以较有效地解决企业融资约束困境。在直接融资中,企业直接对投资者披露信息,资本市场运行机制有助于缓解投资者和融资者之间的信息不对称,投资者更容易了解潜在投资目标企业的运营能力、经营状况及资金用途,克服融资过程中的逆向选择和道德风险问题,通过合理定价降低企业的融资成本,更好地缓解企业融资约束。由于高价值生产环节更可能面临融资约束困境,因此相比较而言,市场主导型的金融市场能够更有效地缓解从事高价值环节生产的企业的融资约束。这意味着市场主导型金融市场相对发达国家的企业在承接高价值生产环节上更具优势,其出口中所包含的外国增加值占比相对较低,或者说后向垂直专业化比率较低。

从金融资源配置的角度看,市场主导型金融结构具有信息相对公开透明的优势,有利于金融资源流向高附加值产业。高附加值出口产业一般为技术密集型或资本密集型产业,对外部资金需求依赖度较高。资本市场对企业实施动态监督,市场信息传递和扩散速度较快,投资者获取信息的成本更低廉,市场竞争更充分,有利于高生产率企业获得融资和扩大生产规模。或者说市场主导型金融结构有利于引导金融资源向技术密集型或资本密集型的高价值产业配置,从宏观上看,这样的国家在承接高价值生产环节上更具优势,其出口中所包含的外国增加值占比相对较低,或者说后向垂直专业化比率较低。

二、间接影响途径

间接影响途径是指金融结构通过促进创新、技术进步与升级等"间接"影响跨国公司国际生产分割。当前在制造业产品价值中，无形资产的要素收入份额远远超过了有形资产（Chen等，2017）。Gerreffi等（2005）按照交易复杂性、交易的可编码性和供应商能力将全球价值链治理模式分为市场型、模块型、关系型、俘获型和层级型五种类型，无形资产的作用、供应商的学习机制和供应链核心企业对知识产权保护的要求在不同的治理模式中存在显著差异（WIPO，2017；Pietrobelli and Rabellotti，2011）。金融发展水平提高会促进以无形资产为主的行业发展，例如Braun（2003）发现在金融发展水平较低的国家中，拥有较多有形资产的行业更易于获得贷款，Giannetti（2003）则发现在那些对债权人提供更好保护的国家，拥有较多无形资产的产业部门可以较易获得贷款，Hur等（2006）利用42个国家27个产业的数据研究发现，金融发展程度较高的国家在无形资产密集型的行业上有更高的出口份额。

在以银行为主导的间接融资环境下，企业需要提供可抵押实物资产获得银行融资，因此不得不采取"保守式、低增长"的发展模式。相反，直接融资方式能够为企业提供稳定可靠的研发资金，有利于企业创新活动，为长期研发提供资金保障（鞠晓生等，2013）。在市场主体和工具充分且多元化发展的条件下，资本市场能够通过市场配置功能和价值甄别具有发展潜力的企业，规避委托代理造成的资金使用效率低的问题，引导资金持续投入到投资回报率高、附加值高的行业，通过激励创新持续提高这些行业的技术水平。从微观上看，能够提高企业承接高附加值生产环节的能力，并通过持续不断的创新能力提升保持技术优势，甚至主导国际生产分割。从宏观上看，市场主导型金融体系能够让一国承接更多高价值生产环节，其出口中的外国增加值占比降低，后向垂直专业化比率下降。

基于上述分析,本书提出以下研究假设。

假设1:与间接金融相比,直接金融能够更有利于一国承接高附加值生产环节,出口中外国增加值含量较低,即后向垂直专业化比率较低,前向垂直专业化水平较高。

假设2:上述效应在融资依赖度较高的行业更强。

第二节　金融结构对国际生产分割的影响

一、模型、变量与数据

为研究金融结构对国际生产分割的影响,本书从国家层面基于面板数据建立如下回归模型:

$$GVC_{it} = \beta_0 + \beta_1 FSTRUC_{it} + \beta_2 X_{it} + \lambda_i + \eta_t + \varepsilon_{it}$$

其中 i 和 t 分别表示国家和年份,GVC 是衡量国际生产分割的变量,用垂直专业化比率衡量,具体分为后向垂直专业化(VS)和前向垂直专业化(VS1)两种情况进行分析。$FSTRUC$ 是金融结构,C 是控制变量,包括经济开放度、经济规模、要素禀赋、技术水平等。λ_i 和 η_t 分别为国家和地区固定效应、时间固定效应,ε_{it} 为随机误差项。各变量具体含义和指标数据来源如下:

后向垂直专业化比率(VSS)。用一国出口中包含的国外增加值比例衡量,该比例越高说明一国的在全球价值链分工中的后向参与度越高。从国际生产分割的角度看,说明跨国公司会将部分生产环节置于该国,该国从其他国家进口部分中间产品(特别是较核心的中间产品),生产组装最终品后再出口。指标用UIBE全球价值链数据进行计算,指标覆盖了2010—2017年61个经济体,共计488个观测值。

前向垂直专业化比率(VSS1)。用一国的间接增加值占总出口的比重表示。间接增加值即一国出口到其他国家,经进口国加工后再出口的附加值。指标越高说明一国在全球价值链分工中的前向参与度越高。从国际生产分割的角度看,说明跨国公司在构建全球生产网络时,会将较核心中间品生产环节置于该国。指标用UIBE全球价值链数据进行计算,指标覆盖了2010—2017年61个经济体,共计488个观测值。

金融结构(rel)。借鉴张成思和刘贯春(2015)的做法,使用一国股票市场资本形成总额、交易规模与该国银行信贷总额之比作为金融结构的代理变量。本书构建三种金融结构指标:一是市场资本形成总额与银行私人信贷总额之比(rel1),二是股票交易额与银行私人信贷总额之比(rel2),三是股票市场资本形成总额与私人信贷总额之比(rel3)。数值越大,说明该国金融体系越倾向于以市场为主导,反之,则以银行为主导。指标计算所需数据均来源于世界银行金融发展数据库。

控制变量。在回归分析中控制了要素禀赋、经济开放度、技术水平等一系列变量,主要包括:(1)经济开放度(topen)用进出口贸易额与GDP比值衡量,数据源于世界银行世界发展指标(WDI)数据库;(2)人力资本指数(hc),数据源于Penn World Table 10.0数据库(PWT);(3)人均资本(kcap)用人均物质资本处以人口数衡量,数据源于PWT 10.0数据库;(4)自然资源丰裕度(natural),用自然资源租金占GDP的比重表示,数据源于WDI数据库;(5)技术水平(tfp)用全要素生产率衡量,数据源于PWT 10.0数据库;(6)经济体规模(pop)用人口总量表示,基础设施水平(teu)用人均码头集装箱处理量衡量,科技水平(art)用人均科技论文发表量衡量,高科技产品出口(hitech)用高科技产品出口占总出口比重表示,数据均来自WDI数据库。

变量描述性统计见表5-1。

表5-1　变量描述性统计

Statistic	N	Mean	St. Dev.	Min	Pctl(25)	Pctl(75)	Max
VSS	488	0.357	0.150	0.060	0.247	0.439	0.694
VSS1	488	0.145	0.060	0.018	0.108	0.173	0.393
llgdp	470	97.059	90.959	25.004	54.135	108.618	699.197
pcrdbgdp	463	77.580	43.497	10.861	44.700	106.554	218.944
netintmar-gin	482	3.027	1.965	0.330	1.527	3.927	12.891
stturnover	352	55.039	59.128	0.131	12.593	71.978	556.912
topen	483	110.167	79.211	22.772	57.895	137.631	442.620
pop	488	86.915	240.600	0.366	5.348	66.753	1,421.022
hc	480	3.012	0.554	1.559	2.676	3.431	3.974
kcap	488	155,960.900	111,376.200	6,272.680	55,375.120	240,933.600	465,056.000
rel1	348	0.905	0.898	0.052	0.354	1.088	6.630
rel2	352	0.714	3.225	0.001	0.041	0.535	43.176
rel3	320	0.768	0.802	0.035	0.312	0.904	5.854
natural	488	2.827	5.294	0.000	0.129	2.700	42.258
hitech	461	16.408	11.883	0.0001	7.967	22.553	61.555
tfp	424	0.692	0.187	0.204	0.567	0.823	1.325
art	480	844.669	730.832	3.922	88.520	1,396.693	2,698.351
teu	408	0.484	1.253	0.007	0.048	0.286	7.203

二、基准回归结果

基准回归用股票市场资本形成总额与银行私人信贷总额之比(rel1)衡量金融结构,考察其对后向垂直专业化比率的影响,结果在表5-2中给出。采用国家层面面板数据回归,控制了国家个体效应和时刻效应,并通过逐步增加控制变量的方法考察回归结果稳健性。从回归结果看,在控制了经济开放度、要素禀赋、经济体规模等一系列变量的条件下,金融结构变量回归系数显著为负,说明随着一国金融结构的改善,其后向垂直专业化比例显著下降。这和前面理论分析的结论是高度一致的,即金融体系中证券市场占比越高,则一国能更好地承接高附加值生产环节,从而出口中的外国增加值比率越低。

经济开放度的系数显著为正,说明开放度较高的国家,能够更深入地参与到全球分工中,生产也更专业化,集中于较少生产环节,从而在出口中包含更多的外国增加值。要素禀赋理论认为,要素禀赋是一国比较优势的重要来源。从回归结果中可以看到,人力资本和人均物质资本的系数显著为负,说明这两种要素较丰裕的国家,能够承接更多高资本密集度和高人力资本密集度的生产环节,从而降低出口中的外国增加值含量。但自然资源丰裕的国家,由于更容易专业化提供初级资源性产品,在全球价值链中往往处于不利地位,垂直专业化比率较高。此外,整体技术水平较高的国家,后向垂直专业化比率较低。

表5-2　基准回归结果

	后向垂直专业化比率				
	（1）	（2）	（3）	（4）	（5）
log(rel)	−0.043**	−0.049***	−0.073***	−0.091***	−0.111***
	(0.022)	(0.019)	(0.020)	(0.023)	(0.026)
log(topen)		0.571***	0.546***	0.486***	0.419***
		(0.056)	(0.057)	(0.066)	(0.082)
log(hc)			−0.459*	−0.638**	−0.914***
			(0.244)	(0.272)	(0.292)
log(kcap)			−0.175**	−0.222***	−0.213**
			(0.074)	(0.082)	(0.089)
log(natural+1)			0.047*	0.060*	0.118***
			(0.028)	(0.031)	(0.034)
log(tfp)				−0.101	−0.124
				(0.067)	(0.078)
log(pop)				−0.341	−0.240
				(0.317)	(0.415)
log(teu)					−0.010
					(0.043)
log(hitech)					0.039
					(0.043)

续表

	后向垂直专业化比率				
	（1）	（2）	（3）	（4）	（5）
log（art）					−0.025
					（0.039）
Observations	348	348	348	325	270
R²	0.013	0.278	0.306	0.300	0.344
F Statistic	3.896**	54.797***	24.887***	15.994***	11.047***
	（df = 1; 286）	（df = 2; 285）	（df = 5; 282）	（df = 7; 261）	（df=10; 211）

注：括号内为标准误，*** p<0.01，** p<0.05，* p<0.1。

三、稳健性检验

为检验上述结果的稳健性，本书通过替换解释变量度量指标的方式重新进行了回归。采用的替换指标有两种，一是股票交易额与银行私人信贷总额之比（rel2），二是股票市场资本形成总额与私人信贷总额之比（rel3），回归结果在表5-3中给出。采用国家层面面板数据回归，控制了国家个体效应和时刻效应，并通过逐步增加控制变量的方法考察回归结果稳健性。

先来看以股票交易额与银行私人信贷总额之比（rel2）为替代指标的回归结果。和前面基准回归的结果高度一致，金融结构变量的回归系数显著为负。而且控制变量的回归系数及其显著度与基准回归也非常接近。经济开放度显著为正，表明对于开放度较高的国家，其参与全球价值链分工更深，这种高度的专业化必然导致出口中的外国增加值占比较高。人力资本和人均物质资本变量显著为负，说明人力资本和物质资本禀赋较丰裕的国家，能够承接更多高附加值的生产环节，全球价值链地位较高，从而出口中的外国增加值含量较低。但自然资源较为丰裕的国家相对而言在全球产品内分工中更容易承接资源密集型的生产环节，全球价值链地位较低，出口中的外国增加值含量较高。

再来看以股票市场资本形成总额与私人信贷总额之比（rel3）为替代

指标的回归结果。和前面基准回归的结果高度一致,金融结构变量的回归系数显著为负。而且控制变量的回归系数及其显著度与基准回归也非常接近。经济开放度显著为正,表明对于开放度较高的国家,其参与全球价值链分工更深,这种高度的专业化必然导致出口中的外国增加值占比较高。虽然人力资本变量并不显著,但人均物质资本变量显著为负,说明物质资本禀赋较丰裕的国家能够承接更多高附加值的生产环节,全球价值链地位较高,从而出口中的外国增加值含量较低。但自然资源较为丰裕的国家相对而言在全球产品内分工中更容易承接资源密集型的生产环节,全球价值链地位较低,出口中的外国增加值含量较高。

表5-3　稳健性检验

	log(vss)					
	(1)	(2)	(3)	(4)	(5)	(6)
log(rel2)	−0.018***	−0.036***	−0.042***			
	(0.006)	(0.008)	(0.009)			
log(rel3)				−0.057**	−0.070***	−0.108***
				(0.023)	(0.026)	(0.029)
log(topen)	0.541***	0.493***	0.429***	0.499***	0.433***	0.351***
	(0.058)	(0.066)	(0.080)	(0.066)	(0.077)	(0.091)
log(hc)	−0.156	−0.218	−0.502*	−0.469	−0.704**	−1.136***
	(0.238)	(0.261)	(0.283)	(0.305)	(0.341)	(0.359)
log(kcap)	−0.128*	−0.144*	−0.167*	−0.157*	−0.199**	−0.241**
	(0.077)	(0.079)	(0.087)	(0.085)	(0.092)	(0.099)
log(natural + 1)	0.029	0.049	0.103***	0.044	0.060*	0.130***
	(0.029)	(0.031)	(0.035)	(0.031)	(0.033)	(0.037)
log(tfp)		−0.053	−0.046		−0.130*	−0.170**
		(0.065)	(0.076)		(0.074)	(0.084)
log(pop)		−0.117	0.374		−0.155	−0.005
		(0.302)	(0.400)		(0.396)	(0.492)
log(teu)			0.072*			0.022
			(0.041)			(0.043)
log(hitech)			0.035			0.102***
			(0.035)			(0.037)
log(art)			−0.032			−0.033
			(0.040)			(0.055)

	log(vss)					
	（1）	（2）	（3）	（4）	（5）	（6）
Observations	352	328	271	320	299	248
R^2	0.273	0.293	0.332	0.238	0.235	0.319
Adjusted R^2	0.105	0.121	0.146	0.043	0.030	0.115
F Statistic	21.399*** (df = 5; 285)	15.564*** (df = 7; 263)	10.506*** (df = 10; 211)	15.869*** (df = 5; 254)	10.305*** (df = 7; 235)	8.897*** (df = 10; 190)

注：括号内为标准误，*** p<0.01，** p<0.05，* p<0.1。

四、进一步检验

和前面金融效率影响全球价值链参与模式的分析类似，本书还进一步探讨金融结构对全球价值链参与模式的影响。在全球价值链分工中，一国前向垂直专业化比率（或者前向参与度）较高意味着该国在产品生产中能够提供较为核心的零部件，在全球生产链条处于较前端的位置。相反，后向垂直专业化比率较高意味着一国主要是后端生产环节的承接者。前面的分析表明，金融结构偏向市场主导能够提高一国承接高附加值生产环节的能力，跨国公司在安排全球生产分割布局时也会将更多高附加值环节置于直接金融发展程度更高的国家。因此可以推论直接金融发达的国家作为核心零部件提供者的地位会相对较高。因此本书还进一步将金融结构对前向垂直专业化比率的影响进行检验。结果在表5-4中给出。

模型中使用了rel1作为衡量金融结构的指标。可以看到，在控制了经济开放度、要素禀赋、经济体规模等一系列变量的条件下，金融结构变量回归系数显著为正，说明随着一国金融结构更倾向于市场主导，其前向垂直专业化比率显著上升，即金融体系中直接金融越发达，一国承接高附加值生产环节的能力增强，跨国公司会将核心生产环节安排到这样的国家完成，该国作为中间产品需求者的地位相对减弱。

与表5-3相反，经济开放度的回归系数显著为负，即经济开放度较高的国家前向垂直专业化比率更低，其作为核心中间产品提供者的地位较低。这可能是因为经济开放度较高的国家，会更深入的参与全球生产网络体系,从而会更加集中于自身具有比较优势的生产环节,导致其间接增加值出口规模下降。同样和表5-3相反,人力资本指数和人均物质资本变量回归系数显著为正,表明人力资本和物质资本丰裕的国家,更擅长高附加值环节的生产,从而拥有较高的核心中间产品提供者地位。技术水平较高的国家同样如此。但自然资源丰裕的国家,由于更多地作为资源性产品提供者参与全球生产分工,则在全球价值链中处于较低的地位。

表5-4 金融结构对前向参与度的影响

	log(fp)				
	(1)	(2)	(3)	(4)	(5)
log(rel)	0.053***	0.055***	0.082***	0.070***	0.078***
	(0.017)	(0.017)	(0.018)	(0.020)	(0.023)
log(topen)		−0.176***	−0.181***	−0.228***	−0.253***
		(0.050)	(0.051)	(0.059)	(0.071)
log(hc)			0.713***	0.759***	0.769***
			(0.217)	(0.241)	(0.253)
log(kcap)			0.175***	0.144**	0.156**
			(0.066)	(0.073)	(0.077)
log(natural + 1)			0.008	−0.003	−0.053*
			(0.025)	(0.027)	(0.030)
log(tfp)				0.149**	0.142**
				(0.059)	(0.067)
log(pop)				−0.677**	−0.976***
				(0.281)	(0.359)
log(teu)					−0.087**
					(0.037)
log(hitech)					0.071*
					(0.038)
log(art)					−0.004
					(0.034)
Observations	348	348	348	325	270
R^2	0.032	0.072	0.124	0.150	0.217
F Statistic	9.554***	11.073***	7.987***	6.591***	5.849***
	(df = 1; 286)	(df = 2; 285)	(df = 5; 282)	(df = 7; 261)	(df = 10; 211)

注:括号内为标准误,*** p<0.01,** p<0.05,* p<0.1。

　　进一步而言,金融结构改善在前向参与度和后向参与度上不同的影响意味着,随着金融结构改善,一国作为核心零部件供给者的地位会上升,而作为核心零部件进口者的地位会相对下降,从而导致该国全球价值链地位的上升。因此为验证这一猜想,表5–5以Koopman全球价值链地位指数作为被解释变量进行了回归。和预想一致,金融结构指标的回归系数显著为证,说明金融结构改善能够促进一国全球价值链地位的提高。同时,不出意外的是,人力资本指数和人均物质资本变量回归系数显著为正,表明人力资本和物质资本丰裕的国家全球价值链地位较高。技术水平较高的国家全球价值地位也较高,但自然资源丰裕的国家全球价值链地位较低。

表5–5　金融结构对全球价值链地位的影响

	log(gvc_position + 1)				
	（1）	（2）	（3）	（4）	（5）
log(rel)	0.012**	0.013**	0.020***	0.021***	0.026***
	(0.006)	(0.006)	(0.006)	(0.007)	(0.008)
log(topen)		−0.107***	−0.108***	−0.109***	−0.104***
		(0.017)	(0.017)	(0.020)	(0.025)
log(hc)			0.168**	0.225***	0.254***
			(0.073)	(0.082)	(0.088)
log(kcap)			0.057**	0.063**	0.066**
			(0.022)	(0.025)	(0.027)
log(natural + 1)			0.003	−0.003	−0.024**
			(0.008)	(0.009)	(0.010)
log(tfp)				0.051**	0.058**
				(0.020)	(0.023)
log(pop)				−0.111	−0.177
				(0.095)	(0.126)
log(teu)					−0.026**
					(0.013)
log(hitech)					0.012
					(0.013)
log(art)					0.005
					(0.012)
Observations	348	348	348	325	270
R²	0.014	0.136	0.169	0.187	0.250
F Statistic	3.956**	22.506***	11.477***	8.602***	7.037***
	(df = 1; 286)	(df = 2; 285)	(df = 5; 282)	(df = 7; 261)	(df = 10; 211)

注:括号内为标准误,*** p<0.01, ** p<0.05, * p<0.1。

全球价值链前向参与和后向参与共同衡量了一国的全球价值链参与水平,两者之和即为一国的全球价值链参与度。由于金融结构改善对全球价值链前向参与度和后向参与度的影响是相反的,两者相互抵消,因此金融结构对全球价值链参与度的影响可能是不显著的。表5-6给出了金融结构对全球价值链参与度影响的回归结果。可以看出,金融结构变量的回归系数并不显著。同时,人力资本和技术水平变量变得不显著。人均物质资本变量系数的显著度也明显下降。说明这些变量对前向和后向参与度的影响在很大程度上相互抵消了。

表5-6　金融结构对全球价值链参与度的影响

	log(gvcp)				
	(1)	(2)	(3)	(4)	(5)
log(rel)	0.005 (0.009)	0.003 (0.008)	−0.002 (0.009)	−0.005 (0.009)	−0.020* (0.012)
log(topen)		0.215*** (0.024)	0.201*** (0.025)	0.159*** (0.028)	0.162*** (0.037)
log(hc)			0.009 (0.107)	−0.099 (0.114)	−0.114 (0.130)
log(kcap)			−0.054* (0.032)	−0.079** (0.034)	−0.079** (0.039)
log(natural + 1)			0.022* (0.012)	0.033** (0.013)	0.051*** (0.015)
log(tfp)				−0.023 (0.028)	−0.044 (0.035)
log(pop)				−0.025 (0.132)	−0.027 (0.185)
log(teu)					0.010 (0.019)
log(hitech)					0.010 (0.019)
log(art)					−0.009 (0.017)
Observations	348	348	348	325	270
R^2	0.001	0.217	0.235	0.209	0.267
F Statistic	0.288 (df = 1; 286)	39.438*** (df = 2; 285)	17.283*** (df = 5; 282)	9.844*** (df = 7; 261)	7.678*** (df = 10; 211)

注:括号内为标准误,*** $p<0.01$,** $p<0.05$,* $p<0.1$。

五、小结

理论分析表明,金融结构会通过直接和间接两种途径影响跨国公司国际生产分割。以市场为主的金融结构能够有效缓解高技术和高附加值生产环节的融资以来,并通过促进研发、促进技术进步提高一国承接高技术、高附加值环节的能力,因此金融结构更偏向于市场型的国家后向垂直专业化水平更低。

利用国家层面面板数据检验的结果表明,金融结构变量回归系数显著为负,说明随着一国金融结构的改善,其后向垂直专业化比例显著下降。即金融体系中证券市场占比越高,则一国能更好地承接高附加值生产环节,从而出口中的外国增加值比率越低。检验上述结果的稳健性,本书通过替换解释变量度量指标的方式重新进行了回归,得到了相同的结论。

从对前向垂直专业化比率回归的结果来看,金融结构变量回归系数显著为正,说明随着一国金融结构更倾向于市场主导,其前向垂直专业化比率显著上升,即金融体系中直接金融越发达,一国承接高附加值生产环节的能力增强,跨国公司会将核心生产环节安排到这样的国家完成,该国作为中间产品需求者的地位相对减弱。

随着金融结构改善,一国作为核心零部件供给者的地位会上升,而作为核心零部件进口者的地位会相对下降,从而导致该国全球价值链地位的上升。全球价值链参与度是前向参与度和后向参与度之和,金融结构改善对两者的影响是相反的,相互抵消,因此基于本书样本的经验研究发现,金融结构对全球价值链参与度的影响并不显著。

第三节　融资约束对国际生产分割的影响

一、经验研究策略

前一节发现,由于直接金融和间接金融对企业融资成本、风险分散等方面存在差异化影响,直接金融市场比较发达的国家,在专业化从事高附加值环节生产时更具优势,因此跨国公司会将更多的高附加值环节安排至这些国家完成,从而造成直接金融市场较发达的国家后向垂直专业化比率更低,在前向参与度较高的同时,后向参与度较低,全球价值链地位较高。进一步讲,金融结构对不同行业的国际生产分割的影响应该具有差异性。对于外部融资依赖度较高、融资约束水平较高的行业,直接金融发展应该具有更强的影响。在跨国研究中,为识别行业融资约束特征对国际生产分割影响,通常采用的办法是在回归模型中加入行业融资约束变量。但在本书研究中,这种做法将面临实质性的困难。

最大的困难在于,相同行业在不同国家面临的融资约束是不同的,但显然获取各行业在不同样本国家融资约束的数据存在巨大困难。既有研究中,通常采用微观企业财务数据计算融资约束或外部融资依赖水平,例如 Rajan 和 Zingales(1998)采用 Compustat 提供的上市公司财务数据计算外部融资依赖度。在行业层面上则通常采用行业中企业融资约束的中位数或者均值来衡量,例如张杰、高德步(2017)和 Hsu 等(2014)。但是,获取全部样本国家的企业财务数据并分别计算"国家–行业"层面的融资约束指标是很难实现的。一个可能的解决方案是,选用某个典型国家的行业融资约束指标,用其替代其他国家的行业指标,但这种方法显然会导致出现巨大估计偏差。

为尽量解决上述问题,本书采取了如下策略。假定在不同的国家,各行业虽然存在融资约束水平差异,但按融资约束水平的行业排序在国家间是相似的,即在一国融资约束水平较高的行业,在其他国家也通常是融资约束水平较高的。接下来本书利用中国上市公司的财务数据计算行业外部融资依赖度指数,并按照从大到小的顺序对行业进行排序,并分别针对不同的行业进行回归分析,考察金融结构对国际生产分割的影响在不同的行业上是否存在差异,即是否外部融资依赖度较高的行业上,金融结构的影响更强。如果经验检验的结果表明,外部融资依赖度较高的行业金融机构改善更能够降低垂直专业化比率,则表明融资约束对跨国公司的国际生产分割具有显著的影响。

二、模型、变量与数据

为研究金融结构对国际生产分割的影响，本书从国家-行业层面基于面板数据建立如下回归模型：

$$SGVC_{itj} = \beta_0 + \beta_1 FSTRUC_{it} + \beta_2 X_{it} + \lambda_i + \eta_t + \varepsilon_{it}$$

其中 i、j、t 分别表示国家、行业和年份，$SGVC$ 是衡量国际生产分割的变量，用垂直专业化比率衡量，具体分为后向垂直专业化（VS）和前向垂直专业化（VS1）两种情况进行分析。$FSTRUC$ 是金融结构，C 是控制变量，包括经济开放度、经济规模、要素禀赋、技术水平等。λ_i 和 η_t 分别为国家和地区固定效应、时间固定效应，ε_{it} 为随机误差项。各变量具体含义和指标数据来源如下：

后向垂直专业化比率（VSS）。用一国行业出口中包含的国外增加值比例衡量，该比例越高说明一国特定行业在全球价值链分工中的后向参与度越高。从国际生产分割的角度看，说明跨国公司会将部分生产环节置于该国，该国从其他国家进口部分中间产品（特别是较核心的中间产品），生产组装最终品后再出口。指标用 UIBE 全球价值链数据进行计算，指标覆盖了 2010—2017 年 61 个经济体，共计 488 个观测值。

前向垂直专业化比率（VSS1）。用一国行业的间接增加值占总出口的比重表示。间接增加值即一国某行业出口到其他国家，经进口国加工后再出口的附加值。指标越高说明一国在全球价值链分工中的前向参与度越高。从国际生产分割的角度看，说明跨国公司在构建全球生产网络时，会将较核心中间品生产环节置于该国。指标用 UIBE 全球价值链数据进行计算，指标覆盖了 2010—2017 年 61 个经济体，共计 488 个观测值。

金融结构（rel）。与上一节相同，借鉴张成思和刘贯春（2015）的做法，构建三种金融结构指标，一是股票市场资本形成总额与银行私人信贷总额之比（rel1），二是股票交易额与银行私人信贷总额之比（rel2），三是股票市场资本形成总额与私人信贷总额之比（rel3）。数值越大说明该国金融体系越倾向于以市场为主导,反之则以银行为主导。指标计算所需数据均来源于世界银行金融发展数据库。

控制变量。在回归分析中控制了要素禀赋、经济开放度、技术水平等一系列变量,主要包括:(1)经济开放度(topen)用进出口贸易额与GDP比值衡量,数据源于世界银行世界发展指标(WDI)数据库;(2)人力资本指数(hc),数据源于 Penn World Table 10.0 数据库(PWT);(3)人均资本(kcap)用人均物质资本处以人口数衡量,数据源于PWT 10.0 数据库;(4)自然资源丰裕度(natural),用自然资源租金占GDP的比重表示,数据源于WDI数据库;(5)技术水平(tfp)用全要素生产率衡量,数据源于PWT 10.0数据库;(6)经济体规模(pop)用人口总量表示,基础设施水平(teu)用人均码头集装箱处理量衡量,科技水平(art)用人均科技论文发表量衡量,高科技产品出口(hitech)用高科技产品出口占总出口比重表示,数据均来自WDI数据库。

国家层面变量统计表述请见表5-1,行业后向垂直专业化比率统计描述见表5-7。

表5-7　行业VSS统计描述

行业	观测值	均值	标准差	最小值	Pctl(25)	Pctl(75)	最大值
c3	488	0.257	0.124	0.054	0.160	0.333	0.616
c4	488	0.303	0.132	0.069	0.194	0.408	0.698
c5	459	0.348	0.168	0.061	0.223	0.462	0.999
c6	488	0.273	0.129	0.059	0.171	0.349	0.697
c7	488	0.275	0.109	0.073	0.193	0.346	0.604
c8	460	0.499	0.245	0.047	0.285	0.722	1.045
c9	480	0.353	0.148	0.057	0.239	0.441	0.810
c10	480	0.380	0.132	0.107	0.294	0.481	0.801
c11	488	0.300	0.131	0.062	0.211	0.359	0.784
c12	488	0.385	0.140	0.070	0.289	0.467	0.816
c13	480	0.344	0.125	0.119	0.269	0.405	0.797

行业	观测值	均值	标准差	最小值	Pctl(25)	Pctl(75)	最大值
c14	478	0.399	0.170	0.00001	0.286	0.498	0.977
c15	487	0.396	0.148	0.067	0.295	0.493	0.804
c16	488	0.300	0.124	0.088	0.214	0.358	0.790

计算行业KZ指数时,本书选取2010—2017年沪深两市的A股非金融行业上市公司为初始研究样本。参考魏志华等(2014)执行了以下筛选程序:(1)剔除注册地在西藏的公司,因为西藏地区的金融生态环境评价数据暂时无法获取;(2)剔除上市不满一年的公司,这类新上市公司刚刚获得了大量股权融资,其融资约束程度与其他公司不具可比性;(3)剔除融资约束的度量指标KZ指数无法计算或相关财务数据缺失的公司。对连续变量1%以下和99%以上的分位数进行了缩尾处理。采用魏志华等(2014)的方法计算各公司的KZ指数后,用行业中各公司KZ指数的中值衡量行业融资约束水平。KZ指数越大,意味着上市公司面临的融资约束程度越高。表5-8列出了各行业KZ指数计算结果。

表5-8 行业KZ指数

行业代码	行业英文说明	行业中文说明	KZ指数
c3	Food, Beverages and Tobacco	食品、饮料和烟草	0.71
c4	Textiles and Textile Products	纺织品和纺织产品	0.97
c5	Leather and Footwear	皮革和鞋类	0.47
c6	Wood and Products of Wood and Cork	木材及木材和软木制品	1.03
c7	Pulp, Paper, Printing and Publishing	纸浆、纸、印刷和出版	1.50
c8	Coke, Refined Petroleum and Nuclear Fuel	焦炭、精炼石油和核燃料	1.51
c9	Chemicals and Chemical Products	化学品和化工产品	0.87
c10	Rubber and Plastics	橡胶和塑料	1.04
c11	Other Non-Metallic Mineral	其他非金属矿物	1.28

行业代码	行业英文说明	行业中文说明	KZ指数
c12	Basic Metals and Fabricated Metal	基本金属和加工金属	1.51
c13	Machinery, Nec	机械,NEC	1.30
c14	Electrical and Optical Equipment	电气和光学设备	1.07
c15	Transport Equipment	运输设备	1.19
c16	Manufacturing, Nec; Recycling	制造业,Nec;回收	1.26

三、基准回归结果

在基准回归中,本书采用股票市场资本形成总额与银行私人信贷总额之比(rel1)作为衡量指标进行回归。针对14个制造业行业分别进行回归后,将结果在表5-9中予以总结。第(1)至第(14)列为各行业回归结果,从左至右按照行业 KZ 指数从小到大排列,也就是说越往右,行业 KZ 指数越高。采用国家层面面板数据回归,控制了国家个体效应和时刻效应。显然在控制了经济开放度、要素禀赋、经济体规模等一系列变量的条件下,在大部分行业上(除了 c5 以外),金融结构变量的回归系数均显著为负,说明随着金融结构的改善,几乎所有行业上,后向垂直专业化比率都会下降,这意味着跨国公司会在绝大多数行业上,将高附加值环节安排至直接金融相对更发达的国家完成。

经济开放度的系数显著为正,说明开放度较高的国家,能够更深入地参与到全球分工中,生产也更专业化,集中于较少生产环节,从而在出口中包含更多的外国增加值。人力资本的系数显著为负,说明人力资本要素较丰裕的国家,能够承接更多高资本密集度和高人力资本密集度的生产环节,从而降低出口中的外国增加值含量。但自然资源丰裕的国家,由于更容易专业化提供初级资源性产品,在全球价值链中往往处于不利地位,后向垂直专业化比率较高。此外,整体技术水平较高的国家,后向垂直专业化比率较低。

表5-9　行业融资约束对金融结构效应的影响

	c5	c3	c9	c4	c6	c10	c14	c15	c16	c11	c13	c7	c8	c12
							$\log(\text{vss})$							
	(1)	(2)	(3)	(4)	(5)	(6)	(7)	(8)	(9)	(10)	(11)	(12)	(13)	(14)
$\log(\text{rel})$	0.054 (0.068)	-0.083*** (0.029)	-0.161*** (0.032)	-0.063** (0.032)	-0.129*** (0.040)	-0.071*** (0.026)	-0.165*** (0.032)	-0.125*** (0.029)	-0.146*** (0.035)	-0.094*** (0.032)	-0.229*** (0.035)	-0.111*** (0.033)	-0.239*** (0.054)	-0.120*** (0.023)
$\log(\text{topen})$	0.792*** (0.212)	0.573*** (0.092)	0.508*** (0.101)	0.591*** (0.099)	0.457*** (0.124)	0.598*** (0.082)	0.536*** (0.098)	0.636*** (0.091)	0.596*** (0.111)	0.706*** (0.100)	0.596*** (0.108)	0.445*** (0.102)	-0.084 (0.169)	0.569*** (0.073)
$\log(\text{hc})$	0.332 (1.065)	-1.588*** (0.328)	-0.905*** (0.358)	-1.345*** (0.354)	-0.349 (0.441)	-0.693** (0.291)	-1.390*** (0.347)	-1.032*** (0.324)	-0.765* (0.394)	-0.412 (0.358)	-1.557*** (0.386)	-1.178*** (0.363)	-1.678*** (0.604)	-0.922*** (0.260)
$\log(\text{kcap})$	0.493** (0.228)	-0.030 (0.099)	-0.078 (0.109)	-0.243** (0.107)	0.346** (0.134)	-0.097 (0.088)	0.127 (0.106)	-0.103 (0.098)	-0.246** (0.119)	-0.203* (0.108)	0.097 (0.117)	-0.032 (0.110)	-0.624*** (0.183)	0.042 (0.079)
$\log(\text{natural}+1)$	0.101 (0.091)	0.070* (0.038)	0.130*** (0.042)	0.070* (0.041)	0.158*** (0.051)	0.143*** (0.034)	0.163*** (0.041)	0.091** (0.038)	0.140*** (0.046)	0.058 (0.042)	0.141*** (0.045)	0.001 (0.042)	0.204*** (0.070)	0.089*** (0.030)
$\log(\text{tfp})$	0.304 (0.201)	0.014 (0.087)	0.091 (0.095)	0.075 (0.094)	-0.187 (0.117)	-0.118 (0.077)	-0.136 (0.092)	0.079 (0.086)	-0.294*** (0.105)	0.149 (0.095)	-0.057 (0.103)	0.029 (0.096)	-0.594*** (0.160)	0.162** (0.069)
$\log(\text{pop})$	-1.135 (1.083)	0.675 (0.466)	-0.551 (0.509)	0.264 (0.503)	-1.016 (0.626)	0.763* (0.413)	-0.666 (0.500)	0.145 (0.460)	-0.375 (0.559)	0.507 (0.508)	-1.021* (0.549)	-0.888* (0.515)	-0.994 (0.857)	-0.054 (0.370)
$\log(\text{teu})$	-0.017 (0.112)	-0.001 (0.048)	-0.038 (0.053)	0.001 (0.052)	0.005 (0.065)	0.053 (0.043)	-0.080 (0.052)	-0.114** (0.048)	-0.036 (0.058)	-0.164*** (0.053)	-0.178*** (0.057)	0.0004 (0.053)	-0.021 (0.089)	-0.122*** (0.038)
$\log(\text{hitech})$	-0.097 (0.112)	0.151*** (0.049)	0.022 (0.053)	0.050 (0.053)	-0.110* (0.066)	-0.001 (0.043)	-0.068 (0.055)	0.049 (0.048)	-0.093 (0.059)	0.031 (0.053)	-0.090 (0.057)	0.057 (0.054)	-0.144 (0.090)	0.032 (0.039)
$\log(\text{art})$	0.012 (0.102)	-0.079* (0.044)	0.040 (0.048)	-0.012 (0.047)	0.027 (0.059)	0.049 (0.039)	-0.115** (0.047)	-0.100** (0.043)	0.005 (0.052)	0.086* (0.048)	-0.077 (0.051)	-0.059 (0.048)	0.251*** (0.080)	0.027 (0.035)
Observations	264	270	270	270	270	270	268	270	270	270	270	270	270	270
R^2	0.153	0.378	0.288	0.304	0.236	0.366	0.394	0.384	0.316	0.283	0.368	0.265	0.249	0.400
F Statistic	3.696*** (df = 10; 205)	12.845*** (df = 10; 211)	8.526*** (df = 10; 211)	9.216*** (df = 10; 211)	6.533*** (df = 10; 211)	12.159*** (df = 10; 211)	13.561*** (df = 10; 209)	13.180*** (df = 10; 211)	9.729*** (df = 10; 211)	8.311*** (df = 10; 211)	12.309*** (df = 10; 211)	7.589*** (df = 10; 211)	6.994*** (df = 10; 211)	14.060*** (df = 10; 211)

注：括号内为标准误，*** $p<0.01$，** $p<0.05$，* $p<0.1$。

当然本书最关心的是金融结构变量的回归系数。该系数显著为负，那么是否如理论分析所言，这种效应在融资约束水平较高的行业上表现更强呢？为回答这一问题，本书进一步对比观察各行业 KZ 指数和 rel1 回归系数的关系。表 5-10 列出了各个行业的 KZ 指数和在表 5-9 中的回归系数（包括回归系数的统计显著度）。其中行业按照 KZ 指数从小到大排列。总体而言，随着行业 KZ 指数的上升，rel1 变量的回归系数绝对值也在上升。由于 KZ 指数越大意味着上市公司面临的融资约束程度越高，这说明对于融资约束水平较高的行业，金融结构改善对于降低垂直专业化比率的作用更明显。

表 5-10　行业 KZ 指数与 rel1 回归系数

序号	行业	KZ 指数	rel 回归系数
1	C5	0.472	0.054
2	C3	0.710	−0.083***
3	C9	0.870	−0.161***
4	C4	0.971	−0.063**
5	C6	1.027	−0.129***
6	C10	1.039	−0.071***
7	C14	1.069	−0.165***
8	C15	1.186	−0.125***
9	C16	1.265	−0.146***
10	C11	1.276	−0.094***
11	C13	1.304	−0.229***
12	C7	1.499	−0.111***
13	C8	1.511	−0.239***
14	C12	1.514	−0.120***

　　为更直观地展示两者之间的关系,本书还制作了rel1的回归系数与行业KZ指数的散点图(图5-1),其中c5行业的回归系数在统计上不显著,本书当作"0"来处理。显然这两者之间存在显著负相关关系,说明在融资约束较高的行业上,一国金融结构的改善更有利于企业降低融资成本、分散风险,从而使得跨国公司更愿意将高附加值、高技术的生产环节安排到这些国家完成,从而导致这些国家出口中的增加值含量较低。

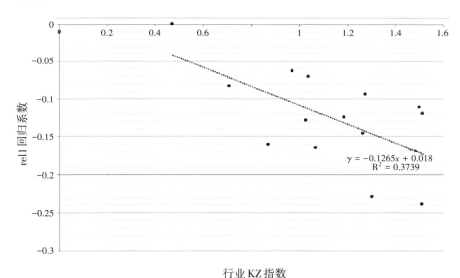

图5-1　行业KZ指数与rel1回归系数的线性关系

四、稳健性检验

　　为检验上述结果的稳健性,本书通过替换解释变量度量指标的方式重新进行了回归。采用的替换指标有两种,一是股票交易额与银行私人信贷总额之比(rel2),二是股票市场资本形成总额与私人信贷总额之比(rel3),回归结果在表5-11和5-12中给出。采用国家层面面板数据回归,控制了国家个体效应和时刻效应。

先来看以股票交易额与银行私人信贷总额之比(rel2)为替代指标的回归结果。和前面基准回归的结果高度一致,金融结构变量的回归系数显著为负。而且控制变量的回归系数及其显著度与基准回归也非常接近。经济开放度显著为正,表明对于开放度较高的国家,其参与全球价值链分工更深,这种高度的专业化必然导致出口中的外国增加值占比较高。人力资本变量显著为负,说明人力资本较丰裕的国家,能够承接更多高附加值的生产环节,全球价值链地位较高,从而出口中的外国增加值含量较低。但自然资源较为丰裕的国家相对而言在全球产品内分工中更容易承接资源密集型的生产环节,全球价值链地位较低,出口中的外国增加值含量较高。

再来看以股票市场资本形成总额与私人信贷总额之比(rel3)为替代变量的回归结果。和前面基准回归的结果高度一致,金融结构变量的回归系数显著为负。而且控制变量的回归系数及其显著度与基准回归也非常接近。经济开放度显著为正,表明对于开放度较高的国家,其参与全球价值链分工更深,这种高度的专业化必然导致出口中的外国增加值占比较高。人力资本指数显著为负,说明人力资本较丰裕的国家能够承接更多高附加值的生产环节,全球价值链地位较高,从而出口中的外国增加值含量较低。但自然资源较为丰裕的国家相对而言在全球产品内分工中更容易承接资源密集型的生产环节,全球价值链地位较低,出口中的外国增加值含量较高。

表 5-11　以 rel2 为替代变量的回归结果

	log(vss)													
	c5	c3	c9	c4	c6	c10	c14	c15	c16	c11	c13	c7	c8	c12
	(1)	(2)	(3)	(4)	(5)	(6)	(7)	(8)	(9)	(10)	(11)	(12)	(13)	(14)
log(rel2)	0.052 (0.070)	−0.076** (0.033)	−0.173*** (0.037)	−0.026 (0.034)	−0.126*** (0.042)	−0.042 (0.029)	−0.196*** (0.035)	−0.149*** (0.032)	−0.146*** (0.039)	−0.100*** (0.036)	−0.273*** (0.037)	−0.103*** (0.033)	−0.199*** (0.059)	−0.103*** (0.026)
log(topen)	0.761*** (0.221)	0.569*** (0.104)	0.494*** (0.116)	0.601*** (0.107)	0.487*** (0.134)	0.633*** (0.091)	0.541*** (0.109)	0.675*** (0.102)	0.629*** (0.124)	0.751*** (0.116)	0.576*** (0.119)	0.526*** (0.103)	−0.047 (0.188)	0.577*** (0.081)
log(hc)	−0.306 (1.179)	−1.997*** (0.403)	−1.197*** (0.452)	−1.368*** (0.417)	−1.025* (0.521)	−0.793** (0.351)	−1.630*** (0.424)	−1.284*** (0.398)	−0.753 (0.482)	−0.607 (0.448)	−2.219*** (0.461)	−1.644*** (0.402)	−2.039*** (0.730)	−1.114*** (0.315)
log(kcap)	0.458* (0.234)	0.024 (0.111)	−0.123 (0.124)	−0.162 (0.114)	0.360** (0.143)	−0.065 (0.096)	0.138 (0.117)	−0.063 (0.109)	−0.194 (0.132)	−0.244** (0.123)	0.101 (0.126)	−0.035 (0.110)	−0.833*** (0.200)	0.068 (0.086)
log(natural+1)	0.119 (0.090)	0.085** (0.041)	0.140*** (0.046)	0.089** (0.042)	0.182*** (0.053)	0.150*** (0.036)	0.154*** (0.043)	0.086** (0.040)	0.145*** (0.049)	0.076* (0.046)	0.144*** (0.047)	0.011 (0.041)	0.221*** (0.074)	0.098*** (0.032)
log(tfp)	0.276 (0.203)	−0.023 (0.095)	−0.007 (0.106)	0.050 (0.098)	−0.220* (0.123)	−0.185** (0.083)	−0.142 (0.100)	0.093 (0.094)	−0.267** (0.114)	0.105 (0.106)	−0.058 (0.109)	−0.027 (0.095)	−0.854*** (0.172)	0.139* (0.074)
log(pop)	−1.168 (1.161)	1.055* (0.539)	−0.472 (0.604)	0.573 (0.558)	−0.540 (0.697)	1.137** (0.470)	−0.445 (0.575)	0.460 (0.532)	−0.305 (0.645)	0.892 (0.600)	−0.637 (0.616)	−0.395 (0.537)	−0.133 (0.976)	0.410 (0.421)
log(teu)	−0.037 (0.107)	0.017 (0.050)	−0.032 (0.056)	0.011 (0.052)	0.026 (0.065)	0.073* (0.044)	−0.058 (0.054)	−0.100** (0.050)	−0.010 (0.060)	−0.153*** (0.056)	−0.159*** (0.058)	0.008 (0.050)	−0.012 (0.091)	−0.097** (0.039)
log(hitech)	−0.017 (0.109)	0.167*** (0.052)	0.016 (0.058)	0.069 (0.053)	−0.066 (0.067)	0.017 (0.045)	−0.072 (0.058)	0.049 (0.051)	−0.121* (0.062)	0.042 (0.057)	−0.069 (0.059)	0.074 (0.051)	−0.091 (0.093)	0.054 (0.040)
log(art)	−0.106 (0.135)	−0.140** (0.063)	0.035 (0.070)	−0.035 (0.065)	−0.020 (0.081)	0.072 (0.055)	−0.249*** (0.067)	−0.212*** (0.062)	−0.004 (0.075)	0.133* (0.070)	−0.246*** (0.072)	−0.112* (0.062)	0.523*** (0.114)	0.030 (0.049)
Observations	236	241	241	241	241	241	239	241	241	241	241	241	241	241
R²	0.185	0.381	0.268	0.303	0.266	0.369	0.402	0.397	0.293	0.282	0.405	0.331	0.321	0.381
F Statistic	4.053*** (df=10; 179)	11.320*** (df=10; 184)	6.729*** (df=10; 184)	8.014*** (df=10; 184)	6.662*** (df=10; 184)	10.746*** (df=10; 184)	12.259*** (df=10; 182)	12.129*** (df=10; 184)	7.630*** (df=10; 184)	7.230*** (df=10; 184)	12.534*** (df=10; 184)	9.084*** (df=10; 184)	8.688*** (df=10; 184)	11.312*** (df=10; 184)

注：括号内为标准误，*** p<0.01，** p<0.05，* p<0.1。

表5-12 以rel3为替代变量的回归结果

	$\log(vss)$													
	c5	c3	c9	c4	c6	c10	c14	c15	c16	c11	c13	c7	c8	c12
	(1)	(2)	(3)	(4)	(5)	(6)	(7)	(8)	(9)	(10)	(11)	(12)	(13)	(14)
$\log(rel3)$	0.044 (0.042)	−0.036* (0.020)	−0.090*** (0.023)	0.012 (0.021)	−0.137*** (0.024)	−0.059*** (0.017)	−0.138*** (0.021)	−0.086*** (0.021)	−0.072*** (0.024)	−0.067*** (0.022)	−0.166*** (0.023)	−0.034* (0.020)	−0.117*** (0.036)	−0.062*** (0.017)
$\log(topen)$	0.758*** (0.224)	0.613*** (0.107)	0.564*** (0.121)	0.621*** (0.111)	0.590*** (0.130)	0.671*** (0.091)	0.647*** (0.111)	0.745*** (0.111)	0.673*** (0.128)	0.801*** (0.118)	0.669*** (0.120)	0.549*** (0.104)	0.064 (0.191)	0.629*** (0.088)
$\log(hc)$	−0.288 (1.114)	−1.617*** (0.393)	−0.545 (0.444)	−1.032** (0.410)	−0.406 (0.477)	−0.648* (0.334)	−0.664 (0.407)	−0.515 (0.409)	−0.094 (0.470)	−0.357 (0.436)	−1.215*** (0.443)	−1.255*** (0.382)	−1.218* (0.701)	−0.695** (0.323)
$\log(kcap)$	0.471** (0.231)	0.058 (0.110)	−0.119 (0.125)	−0.138 (0.115)	0.453*** (0.134)	−0.087 (0.094)	0.243** (0.115)	0.059 (0.115)	−0.151 (0.132)	−0.271** (0.122)	0.163 (0.124)	−0.007 (0.107)	−0.727*** (0.197)	0.048 (0.091)
$\log(natural+1)$	0.143 (0.092)	0.074* (0.043)	0.118** (0.048)	0.082* (0.044)	0.156*** (0.052)	0.165*** (0.036)	0.124*** (0.044)	0.056 (0.044)	0.142*** (0.051)	0.069 (0.047)	0.127*** (0.048)	0.012 (0.041)	0.161** (0.076)	0.094*** (0.035)
$\log(tfp)$	0.261 (0.205)	−0.008 (0.098)	0.014 (0.110)	0.037 (0.102)	−0.129 (0.119)	−0.142* (0.083)	−0.058 (0.101)	0.135 (0.102)	−0.246** (0.117)	0.121 (0.108)	−0.0003 (0.110)	−0.022 (0.095)	−0.831*** (0.174)	0.170** (0.080)
$\log(pop)$	−1.447 (1.133)	1.032* (0.536)	0.105 (0.605)	0.529 (0.558)	−0.899 (0.650)	1.341*** (0.455)	−0.363 (0.556)	0.361 (0.558)	0.062 (0.640)	1.440*** (0.594)	0.100 (0.604)	0.056 (0.521)	−0.162 (0.955)	0.782* (0.439)
$\log(teu)$	−0.034 (0.103)	0.031 (0.049)	0.034 (0.056)	0.032 (0.051)	0.056 (0.060)	0.111*** (0.042)	−0.016 (0.052)	−0.078 (0.051)	0.043 (0.059)	−0.097* (0.055)	−0.063 (0.056)	0.042 (0.048)	0.014 (0.088)	−0.042 (0.040)
$\log(hitech)$	−0.014 (0.107)	0.151*** (0.051)	0.049 (0.057)	0.055 (0.053)	−0.156** (0.062)	0.037 (0.043)	−0.136** (0.055)	−0.034 (0.053)	−0.106* (0.061)	0.071 (0.056)	−0.063 (0.057)	0.107** (0.049)	−0.163* (0.091)	0.062 (0.042)
$\log(art)$	−0.070 (0.128)	−0.104* (0.061)	0.124* (0.069)	0.017 (0.064)	−0.019 (0.074)	0.092* (0.052)	−0.187*** (0.064)	−0.173*** (0.064)	0.085 (0.073)	0.170** (0.068)	−0.141** (0.069)	−0.049 (0.060)	0.575*** (0.109)	0.081 (0.050)
Observations	234	239	239	239	239	239	237	239	239	239	239	239	239	239
R^2	0.188	0.359	0.247	0.277	0.355	0.413	0.419	0.346	0.272	0.294	0.396	0.311	0.318	0.351
F Statistic	4.093*** (df=10; 177)	10.214*** (df=10; 182)	5.978*** (df=10; 182)	6.968*** (df=10; 182)	10.013*** (df=10; 182)	12.785*** (df=10; 182)	12.978*** (df=10; 180)	9.624*** (df=10; 182)	6.807*** (df=10; 182)	7.584*** (df=10; 182)	11.908*** (df=10; 182)	8.205*** (df=10; 182)	8.481*** (df=10; 182)	9.860*** (df=10; 182)

注：括号内为标准误，*** p<0.01，** p<0.05，* p<0.1。

从前面表5-10至表5-12可以看出,金融结构对大部分行业的后向垂直专业化比率都存在显著的负向影响,也就是跨国公司会将更多高附加值生产环节安排到直接金融更发达的国家完成。本书将上述回归结果中的回归系数与行业KZ指数在表5-13中予以总结,可以看出,除了C5行业以外,其余行业上金融结构变量的回归系数均为负值,随着行业KZ指数的上升,回归系数的绝对值总体呈现上升趋势,说明KZ指数越高,则金融结构改善对降低后向垂直专业化比率的作用越强。为对金融结构变量回归系数与行业KZ指数的线性关系有更直观的展示,图5-2绘制了两者之间的散点图和线性拟合线,两者之间的负相关关系非常明显,即随着行业融资约束水平的上升,金融结构优化的作用增强。

表5-13 行业KZ指数与金融结构变量的回归系数汇总

序号	行业	KZ指数	rel1	rel2	rel3
1	C5	0.472	0.054	0.052	0.044
2	C3	0.710	−0.083***	−0.076**	−0.036*
3	C9	0.870	−0.161***	−0.173***	−0.090***
4	C4	0.971	−0.063**	−0.026	0.012
5	C6	1.027	−0.129***	−0.126***	−0.137***
6	C10	1.039	−0.071***	−0.042	−0.059***
7	C14	1.069	−0.165***	−0.196***	−0.138***
8	C15	1.186	−0.125***	−0.149***	−0.086***
9	C16	1.265	−0.146***	−0.146***	−0.072***
10	C11	1.276	−0.094***	−0.100***	−0.067***
11	C13	1.304	−0.229***	−0.273***	−0.166***
12	C7	1.499	−0.111***	−0.103***	−0.034*
13	C8	1.511	−0.239***	−0.199***	−0.117***
14	C12	1.514	−0.120***	−0.103***	−0.062***

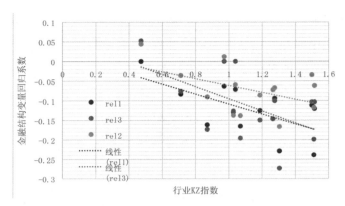

图5-2　金融结构变量回归系数与行业KZ指数的线性关系

五、小结

由于获取各行业在不同样本国家融资约束的数据存在巨大困难,本书假定在一国融资约束水平较高的行业,在其他国家也通常是融资约束水平较高的。在此基础上利用中国上市公司的财务数据计算行业外部融资依赖度指数,分别针对不同的行业进行回归分析,考察金融结构对国际生产分割的影响在不同的行业上是否存在差异,即是否外部融资依赖度较高的行业,金融结构的影响更强。

为保证结果的稳健性,本节分别采用股票市场资本形成总额与银行私人信贷总额之比(rel1)、股票交易额与银行私人信贷总额之比(rel2)和股票市场资本形成总额与私人信贷总额之比(rel3)作为衡量金融结构的指标进行回归,发现在控制了经济开放度、要素禀赋、经济体规模等一系列变量的条件下,在大部分行业上金融结构变量的回归系数均显著为负,即随着金融结构的改善,后向垂直专业化比率都会下降。该结果说明跨国公司会将高附加值环节安排至直接金融相对更发达的国家完成。

考察各行业KZ指数和金融结构变量回归系数的关系发现,随着行业KZ指数的上升,rel1变量的回归系数绝对值也在上升。由于KZ指数越大,意味着上市公司面临的融资约束程度越高,这说明对于融资约束水平较高的行业,金融结构改善对于降低垂直专业化比率的作用更明显。这在采用三种金融结构指标的条件下都是成立的。

第四节 本章小结

本章研究金融结构对国际生产分割的影响。宏观上,金融市场有两个重要组成部分,即银行为主导的信贷市场和证券市场。前者以银行作为金融中介,连接资金供需双方,属于间接金融。后者直接连接资金供求双方,属于直接金融。本书所指的宏观金融结构即为直接金融和间接金融的相对规模。两类金融的运行机制不同,对企业融资成本和风险分散的影响也不同。从而在行业或者国家层面上影响承接高附加值环节的能力,最终对跨国公司国际生产分割布局产生作用。

金融结构可以通过直接和间接两种途径影响国际生产分割。从直接途径上看,相较于银行主导型金融结构,市场主导型金融结构能够使企业融资渠道更加多元,直接融资比例相对更高。并且,完备的资本市场信息披露质量更高,机构间竞争机制更完善,资金要素配置更有效,信贷成本更低,有助于一国经济增长和出口转型升级。从间接途径来看,以直接融资方式为主的市场主导型资本市场为资金需求企业提供了稳定可靠的研发资金,有利于企业创新活动,为长期研发提供了资金保障,能够更有效地降低资金供需双方的信息不对称,通过资源配置、价值发现等途径促进企业创新能力上升。这两种途径的影响都会促使跨国公司在直接金融较发达的国家从事更多高附加值生产环节的生产。

本章首先在国家层面上利用面板数据经验研究了金融结构对后向垂直专业化比率的影响。从回归结果看,在控制了经济开放度、要素禀赋、经济体规模等一系列变量的条件下,金融结构变量回归系数显著为负,说明随着一国金融结构的改善,其后向垂直专业化比例显著下降。这和前面理论分析的结论是高度一致的,即金融体系中证券市场占比越高,则一国能更好地承接高附加值生产环节,从而出口中的外国增加值比率越低。进一步检验表明,金融结构对前向垂直专业化比率(前向参与度)具有显著的促进作用,因此金融结构改善可以促进一国全球价值链地位的提高。

在国家层面回归的基础上,本章进一步进行了分行业回归,从而探讨行业融资约束水平差异的影响。发现在融资约束较高的行业上,一国金融结构的改善更有利于企业降低融资成本、分散风险,从而使得跨国公司更愿意将高附加值、高技术的生产环节安排到这些国家完成,从而导致这些国家出口中的增加值含量较低。在变换了不同的金融结构指标之后,这种负相关关系并没有发生改变,上述结论具有高度稳健性。

第六章

全球价值链嵌入
对企业融资约束的影响

　　跨国公司通过国际生产分割构建全球生产网络,在宏观上推动了全球价值链分工模式的形成和发展,是全球价值链分工的主导者。大量企业通过嵌入全球价值链参与到全球生产网络之中。前面章节的研究表明,国家层面上的金融发展水平和行业层面的融资约束水平会影响到跨国公司的国际生产分割活动。而跨国公司主导全球生产分割、将众多企业嵌入全球价值链的基础能力之一就是为被嵌入企业提供技术与资金,使后者获得参与全球价值链体系的能力。在这个过程中,跨国公司能够通过贸易融资、直接投资等方式缓解被嵌入企业的融资约束。本章梳理嵌入全球价值链影响企业融资约束的理论机制,并利用微观企业数据进行检验。发现企业嵌入全球价值链和引入外商直接投资都可以缓解自身融资约束,而且这两种方式之间存在替代关系,通过PSM方法弱化内生性问题之后,上述结论依旧稳健。上述效应对不同所有制、不同地区企业的作用存在差异,东部地区无论国有企业还是民营企业,上述效应都明显存在。而在市场化程度和开放度较低的中西部地区,上述结论对民营企业是基本成立的,而对于国有企业则较弱。

第一节 研究背景与相关文献

一、研究背景与意义

根据世界银行《2020年全球营商环境报告》显示,中国企业获得贷款的能力在190个经济体中排名31位,这与其全球第二大经济体的地位极不相称。缓解融资约束是中国企业,特别是中小企业参与国际市场竞争的首要问题。伴随全球化的不断推进和产品内分工的深入发展,跨国公司主导的全球生产网络将世界各国紧密联系在一起,全球价值链在各国之间不断延展、细化,基于全球价值链的新型国际分工与贸易体系逐步形成。中国凭借劳动力资源禀赋相对充裕的优势以及完善的基础设施和工业体系,深入地融入全球价值链体系之中。近些年来,中国出口贸易量急剧增长,中小企业对贸易增长做出了巨大贡献。

大量中国企业嵌入到全球价值链中,成为跨国公司全球生产网络的特定节点,同时也正是因为这种嵌入,使得一些原本因融资约束限制无法进入出口市场的企业,融资约束得到缓解,从而以较低成本进入出口市场当中。获取外国直接投资也是中国企业缓解融资约束的重要途径之一。2020年中国实际利用外资约1万亿元,同比增长6.2%,是全球最大外资流入国。外商直接投资的技术溢出效应在中国经济进入新常态的背景下依旧不容忽视,其示范效应、水平及前后向关联效应、竞争效应和人才流动效应等促进中国制造业技术的进步以及创新能力的提升。

总之,融资约束是中国企业进入国际市场、提升贸易利益的巨大障碍,研究企业缓解融资约束的可能途径具有很强的现实意义。本章利用微观企业数据展开经验研究,探究全球价值链嵌入和吸引外资两种方式对缓解企业融资约束的作用。由于两者都可能在缓解企业融资约束中发挥作用,本书还将进一步探讨两者作用的关系是互补与替代的。对这些问题的深入研究具有重要的理论和现实意义,可以为企业缓解自身融资约束提供参考,也可以为政府制定相关政策帮助企业缓解融资约束提供理论支撑。

二、相关文献梳理

(一)企业融资约束对全球价值链嵌入的影响

在关于企业融资约束与全球价值链嵌入关系的研究中,既有文献大多关注融资约束对企业全球价值链嵌入的影响。这类研究中,企业融资约束水平被看作是外生的,融资约束会影响企业全球价值链嵌入决策、方式、位置和程度。从嵌入方式来看,张杰和刘志彪(2008)、许晖等(2014)等对中国企业参与国际分工的形式进行了划分,基于企业层面的嵌入方式分为原始设备制造、原始设计制造以及自主品牌制造,分别代表产业价值链上的制造、研发和品牌环节。Manova 和 Yu(2012)实证研究表明,随着融资约束的缓解,企业参与国际贸易的模式将从来料加工组装贸易转向进料加工贸易,从加工贸易转向一般贸易。宇铎、戴美虹(2014)从异质性企业和融资约束双重视角分析了我国出口企业选择加工贸易的原因,结果表明融资约束越小、生产率越高的企业越倾向选择一般贸易。苏莉(2015)探讨了不同类型的融资约束对贸易方式选择的影响,结果表明银行信贷约束越小,企业选择一般贸易方式出口的概率越大;商业融资约束越小,企业选择一般贸易或进料加工的方式出口的倾向性越大。马述忠等(2017)区分来料加工和进料加工贸易方式,融资约束小和生产率高两者相互促进将企业更深地嵌入全球价值链中。

从嵌入位置来看,既有文献强调企业融资约束越强,在嵌入过程中越容易被嵌入底端位置。Manova 和 Yu(2012)发现融资约束能够影响企业参与全球价值链的位置,在价值链低端从事活动的往往是高融资约束的企业,在价值链的分工体系中只是对进口中间品进行简单的加工组装。吕越等(2016)实证研究了融资约束对我国制造业在 GVC 中的嵌入度及地位的影响,发现融资约束的缓解有利于带动产业提升 GVC 地位,当融资约束较少时,可以带动产业在全球价值链中地位的升级;如果融资约束较大,则会引致产业向价值链低端偏移。马述忠(2017)等使用进料加工和来料加工贸易的国内增加值率反映企业的GVC地位,从而研究了融资约束对不同贸易方式的GVC地位的影响,结果表明融资约束较小的企业位于GVC相对高端环节。吕越和王晓旭(2017)研究发现,融资约束会通过降低全要素生产率、研发能力和出口竞争力,阻碍企业在GVC中的攀升。任永磊(2017)等考虑了融资约束以及汇率与融资约束交互项对GVC嵌入的影响,研究发现较小的融资约束对提升GVC嵌入度具有明显的促进作用。

从嵌入程度来看,既有文献大多认为企业嵌入全球价值链的程度取决于出口中国外增加值所占的比重。Upward等(2013)基于企业所有进口均用于中间投入且加工贸易的进口全部用于加工贸易的出口,一般贸易的进口被同比例地用于国内销售和一般贸易出口的假设对企业出口的国外增加值率进行了计算。吕越(2015)等考察了融资约束以及生产效率对企业GVC参与度的影响,研究结果表明融资约束会阻碍企业在GVC中的参与程度,在考虑了融资约束和生产效率的交互项之后发现,较为严峻的融资约束会对生产率的积极作用产生挤压。吕越(2018)探讨了不同所有制的企业的嵌入度和融资约束的关系,民营企业得到缓解最显著,其次是国有企业,外资企业不显著。高运胜(2018)以国内增加值率作为衡量全球价值链地位的指标,融资约束与制造业的地位呈倒U型关系,但区分企业所有制后情况又不尽相同。

(二)外商直接投资对企业融资约束的影响

Huang(2003)较早地探讨外国直接投资与中国企业融资约束的关系问题,认为大量外资涌入中国,反映了中国金融体系效率低下的现实。他强调中国企业特别是民营企业面临的融资约束是中国大规模引资的微观基础,而中国金融市场的扭曲是中国引资的制度基础,在政策地位上外资企业优于民营企业,而且外资企业可以寻求国外母公司进行直接注资,因此外资企业相对于国内企业在融资方面更具有优势;在宏观层面上,大规模的资本流入推动了经济增长,在微观上也缓解了本土企业的融资压力。Ito 等(2007)对中国四个城市的中小型企业进行了两次调查研究,考察FDI 与贸易信贷供应的影响。调查发现 FDI 的流入能够增加中小型企业获得贸易信贷的规模,产生正向的外部效应,在一定程度上缓解企业面临的融资约束。Guariglia 和 Poncet(2008)利用宏观数据进行经验分析同样表明,在中国金融体制不完善条件下,FDI 发挥着替代性作用,可以部分校正金融体制对中国经济发展的负面影响。Hericourt 和 Poncet(2009)运用微观数据也证实 FDI 有助于中国民营企业缓解融资约束。Harrison 等(2004)用跨国企业面板数据得到了相同的结论。

外商直接投资缓解企业融资约束的途径主要有三种。首先,外资能够通过直接注资的形式缓解国内企业的融资约束。Hericourt 和 Poncet(2009)引入了外资参与和负债资产比的交互项,其结果显著为负,说明 FDI 通过直接注资缓解了企业融资约束。罗长远和陈琳(2011)借助世界银行的企业调查数据,从产业关联的角度入手研究 FDI 对中国企业融资约束的影响,发现 FDI 通过"己厂效应""水平效应"以及"垂直效应"三种渠道引导债务资金流入相关的民营企业。其次,外国直接投资还具有强烈的金融信号功能,即银行更倾向于向外资参与程度较高的企业或者与外资有较强垂直联系的企业发放信贷资金,而且外资占比较高的行业,在整体上受到银行更多的偏爱,这些行业也通常是中国的比较优势行业。在信贷市场上,由于国外资本的存在,缓解了信息不对称现象和企业的融资约束问题,在一定程度上有助于改善金融体系不完善的现状。最后,外国直接投资还会通过产业聚集效应和垂直关联效应发挥作用。孙灵燕(2012)发现外商直接投资通过产业集聚效应缓解了民营企业的融资约束。齐欣和刘欣(2012)利用中国工业企业微观数据展开经验研究,发现中国企业普遍存在融资约束,外资主要通过行业垂直关联缓解融资约束,对私营合资企业、新企业、中高技术企业的缓解效果更明显。

(三)文献总结

从文献梳理可以看出,既有文献大多强调面临融资约束的企业更容易被嵌入全球价值链中,而且融资约束越强企业越容易被嵌入低端位置。在这类研究中,企业融资约束水平被看作是外生的,会影响企业嵌入全球价值链的方式、位置和程度。跨国公司通过国际生产分割建立全球生产网络,并通过外包或者垂直一体化的方式将众多企业纳入其生产体系之中。跨国公司在全球价值链治理过程中为被嵌入企业提供技术与资金,使后者获得参与全球价值链体系的能力,同时也提高价值链的稳定性。理论上讲,嵌入企业的融资约束在此过程中能够得到缓解。但相对而言,既有文献对嵌入全球价值链在缓解企业融资约束中的作用关注较少,本章尝试利用微观企业数据对这种影响进行探究。外国直接投资也会通过多种途径影响企业的融资约束,本章还会进一步探讨嵌入全球价值链和外国直接投资在缓解企业融资约束中的相互关系。

第二节 理论机制与经验研究设计

一、理论机制

融资约束对于企业绩效提升、产品和技术创新、生产率提升等都具有重要的影响,如何缓解融资约束是企业关心的核心问题之一。本书认为,全球价值链嵌入能够通过专业化分工机制、供应链融资协同机制和金融市场信号机制缓解企业融资约束。

首先讨论专业化分工机制。产品生产各个环节的融资依赖水平是不同的,一家企业试图完成所有生产环节时,其面临的融资约束往往由融资依赖水平最高的生产环节决定,"木桶理论"在探讨企业融资约束问题时也是成立的。简单起见,假定企业并不受自身技术能力限制(实际上这种技术能力限制对于嵌入企业而言是不可忽视的),高融资依赖环节的存在必然导致企业在试图完成所有生产环节时面临较强的融资约束。嵌入全球价值链意味着企业仅仅承接那些技术水平较低、融资依赖程度较低的生产环节,而将那些融资依赖程度较高的生产环节留给价值链中其他企业完成。在其他条件不变的情况下,嵌入企业整体所受的融资约束水平会下降。也就是说,通过全球价值链专业化分工机制,嵌入企业仅仅从事其融资能力允许的生产环节,从而降低融资约束水平。

再来看供应链融资协同机制。跨国公司通过国际生产分割构建全球生产网络,建立起从原材料采购、中间及制成品生产,到最后经由销售网络把产品送到消费者手中这一复杂的供应链链条。在此过程中,金融机构也突破了原有的业务模式,通过供应链金融产品创新,抓住大型优质企业稳定的供应链,围绕供应链上下游经营规范、资信良好、有稳定销售渠道和回款资金来源的企业进行产品设计,以供应链核心企业为中心,选择资质良好的上下游企业作为融资对象提供融资服务。供应链金融突破了商业银行传统的评级授信要求,也无须另行提供抵押质押担保,切实解决了中小企业融资难的问题。全球价值链嵌入企业可以融入这种供应链融资协同体系,充分利用核心企业与金融机构之间的整体融资方案解决自身融资难的问题,从而使融资约束得到有效缓解。

最后看金融市场信号机制。在信贷市场上,资金供需双方的信息不对称是导致资金需求无法得到满足的重要原因,从而使企业面临更严重的融资约束。在全球价值链体系中,作为主导者的跨国公司往往被看作供应链体系中的核心企业,信用水平较高。企业嵌入全球价值链具有强烈的金融信号功能,银行更倾向于向外资参与程度较高的企业或者与外资有较强垂直联系的企业发放信贷资金,从而使嵌入企业的融资约束得到有效缓解。

通过上面的分析得到如下命题。

命题1:企业通过全球价值链嵌入可以缓解融资约束。

一个值得探讨的问题是,全球价值链嵌入和吸引外资在缓解中国企业融资约束方面是何种关系?两者相互替代还是相互促进?外商直接投资企业在中国出口贸易中的占比超过了50%,对该问题的回答在中国当前特定情形下具有重要的现实意义。前面的文献总结表明,企业通过吸引外资可以缓解融资约束。从专业化分工效应来看,这会产生两种可能的结果。一种可能性是,通过吸引外资缓解融资约束后,企业可以从事的生产环节,特别是高融资依赖度生产环节的数量增加,其通过嵌入全球价值链来缓解融资约束的必要性降低,从而导致部分企业选择不嵌入全球价值链。另一种可能性是,虽然企业仍然需要通过嵌入全球价值链来进一步缓解融资约束,但由于外资流入导致企业能够从事的高技术、高融资依赖度生产环节增加,其嵌入全球价值链的程度会降低。因此这两种方式在缓解中国企业融资约束方面的作用可能是相互替代的。由此得到如下待检验命题。

命题2:全球价值链嵌入和吸引外资都可以缓解企业的融资约束,并且两者的作用是相互替代的。

二、经验研究设计

(一)模型设定

本章需要检验的核心命题有两个,一是嵌入全球价值链有助于企业缓解融资约束,二是嵌入全球价值链和吸引外资在缓解企业融资约束中的作用是相互替代的。因此采用以下两个计量模型。

$$findep_{it} = \beta_0 + \beta_1 GVC_{it} + \beta_2 FDIit + \beta_3 Z_{it} + \lambda_i + \eta_t + \varepsilon_{it} \tag{1}$$

$$findep_{it} = \beta_0 + \beta_1 GVC_{it} + \beta_2 FDIit + \beta_3 GVC*FDI_{it} + b4Z_{it} + \lambda_i + \eta_t + \varepsilon_{it} \tag{2}$$

模型(1)检验嵌入全球价值链是否有助于企业缓解融资约束,其中被解释变量 findep 为企业层面的融资约束,为提高计量分析结论的可靠性,本书分别银行融资约束(bank)、内部融资约束(inside)以及SA指数进行衡量。GVC表示全球价值链嵌入,本书分别考察了企业的全球价值链嵌入决策(fvar_01,虚拟变量)和全球价值链嵌入度(fvar)的影响,Z为控制变量,λ_i 和 η_t 表示个体和时间效应,ε_{it} 为随机扰动项。

为检验嵌入全球价值链和吸引外资在环节企业融资约束中的关系,

模型（2）加入了全球价值链嵌入和外资比重的交互项。如果交互项的回归系数为正，说明当外资比重上升时，嵌入全球价值链对缓解企业融资约束的作用得到了增强，两者之间存在相互促进的作用。如果交互项回归系数为负，说明当外资比重上升时，嵌入全球价值链对缓解企业融资约束的作用减弱，可以认为两者存在相互替代的作用。

（二）数据与变量

1. 数据说明

本章使用2000—2006年中国工业企业数据库与海关数据库两者的合并数据进行经验研究，合并后的数据集共包含174807个观测值。为了消除纯进口企业自我选择对回归结果的干扰，本书剔除仅从事进口活动的企业。为了确保实证分析的准确性，参考戴觅和余淼杰（2014）等采取以下步骤剔除异常值：（1）工业销售额、营业收入、就业人数、固定资产总额、出口额、中间投入品总额中任意一项为负值或者缺省；（2）企业就业人数小于8人；（3）企业出口额超过了企业工业销售总额。

2. 企业融资约束

本章采用三种方法测度企业融资约束，包括SA指数、外部融资约束和内部融资约束。（1）SA指数（sa）计算公式为$(-0.737*Size)+(0.043*Size^2)-(0.04*Age)$，该指数为负值，数值越大，企业的融资约束越弱。（2）外部融资约束（bank），即银行融资约束，用总资产资本化后的利息支出来衡量，比值越大企业面临的融资约束越弱。（3）内源融资约束（inside），用利润加折旧比总资产表示，比值越大企业面临的融资约束越弱。

3. 解释变量

全球价值链嵌入。本书从是否嵌入（fvar_01）和嵌入度（fvar）两个方面进行衡量。是否嵌入采用虚拟变量，1表示嵌入全球价值链，0表示没有嵌入全球价值链。嵌入度采用Upward等（2013）的方法，用企业出口的国外增加值率衡量。该方法假定企业进口都用作中间投入，加工贸易进口全部用作加工贸易出口的中间投入，一般贸易进口的中间投入按比例

用于国内销售和一般贸易出口。企业出口的国外增加值率的计算公式
如下：

$$FVAR = \frac{V_F}{X} = \frac{M^P + X^O \left[\dfrac{M^P}{D + X^O} \right]}{X}$$

式中，FVAR 为企业出口的国外增加值率；V_F 为企业出口中的国外增加值；M 和 X 分别为企业的进口和出口；上标 p 和 o 表示企业用于加工贸易或一般贸易。

外资参与。本书从企业是否存在外资（fdi_01）和外资比重（fdi）两个方面进行衡量。是否存在外资采用虚拟变量，1 表示企业存在外资，0 表示企业没有外资。外资比重（fdi）用外国资本在企业实收资本中所占比重来衡量。

4. 控制变量

企业规模。大型公司能够克服贸易领域中的业务风险等问题参与到全球价值链中。规模大的企业综合实力强，也更容易吸引外商直接投资。本书用对数化的总资产来表示。

全要素生产率和企业效率。企业效率高、生产率高的企业会进口技术复杂度更高的中间产品，而技术复杂度高的中间品的国外附加值也很高，因此能够促进企业嵌入价值链和吸引外商直接投资。本书用 OP 方法计算全要素生产率，并选取对数化的人均工业增加值表示企业效率。

盈利能力。盈利能力强的企业，自身的综合能力更强，通过嵌入价值链和吸引外资来缓解自身融资约束的可能性更大。本书采用主营业务利润和总资产的比值来衡量。

平均工资。工资水平越高，员工的工作积极性会更高，企业嵌入价值链和吸引外资的可能性会越大，所以工资水平可能会促进企业嵌入价值链和吸引外资。本书将总工资除以平均就业人数后，将 2000 年的价格水平作为基准来降低通货膨胀影响，并最终取对数表示。

出口依存度,选取出口交货值和工业增加值的比值来表示。出口依存度越高意味着企业更依赖出口,即企业更倾向吸引外资和嵌入价值链的可能性更大。

所有制类型,采用于森杰(2010)等根据企业注册资本所占的比重(50%)进行区分,其中包括民营、国有和外资3种类型。

表6-1　变量描述

变量名称	变量说明
SA指数	$-0.737*$ Size $+0.043*Size^2 -0.04*Age$
外部融资约束	利息支出与总资产的比值
内部融资约束	利润加折旧比总资产
是否嵌入	嵌入度为0时,企业未嵌入;嵌入度大于0时,企业嵌入
嵌入度	企业出口的国外增加值率
是否存在外资	外资比重为0时,不存在外资;外资比重大于0时,存在外资
外资比重	外国资本占实收资本的比例
企业规模	总资产的对数
全要素生产率	OP方法计算
盈利能力	主营业务利润和总资产的比值
平均工资	总工资比平均就业人数
出口依存度	出口交货值与工业增加值的比值
企业效率	人均工业增加值的对数

表6-2　描述性统计

变量名称	观测值	均值	标准差	最小值	最大值
SA指数	174,807	−3.290	0.430	−13.280	−0.078
外部融资约束	174,807	9.361	0.890	6.836	11.110
内部融资约束	174,807	0.225	0.189	−0.120	0.954
是否嵌入	174,807	0.741	0.438	0	1
嵌入度	174,807	0.399	0.419	0	1
是否存在外资	174,807	0.701	0.458	0	1
外资比重	174,807	0.558	0.438	0	1
全要素生产率	161,687	4.440	0.998	−5.031	10.990
盈利能力	174,807	0.203	0.380	−4.103	94.330
企业规模	174,807	10.56	1.477	3.611	18.561

续表

变量名称	观测值	均值	标准差	最小值	最大值
出口依存度	174,807	2.809	3.309	−1.847	21.020
企业效率	161,687	3.902	1.145	−5.690	13.200
平均工资	174,807	11.89	0.659	4.006	19.391

三、初步观察

图6-1至图6-3展示了企业全球价值链嵌入影响融资约束的初步证据。图中"1"为全球价值链嵌入的企业,"0"为未嵌入的企业,bank、inside和SA分别表示企业外部融资约束、内源融资约束和总体融资约束水平。由于样本数较多,本书在年份-行业-地区层面上计算融资约束的均值并绘制箱线图。可以发现在三个不同融资约束指标下,嵌入价值链的企业整体上比没有嵌入的企业面临的融资约束水平较低。嵌入企业指标值的中位数和上下四分位数均高于未嵌入企业。注意到三个融资约束指标均为数值越大代表融资约束越弱,显然嵌入全球价值链的企业比没有嵌入的企业受到的融资约束弱。可能是因为嵌入全球价值链的企业得益于较低的国际分工参与成本、全球价值链技术溢出加速企业创新及资源配置优化,缓解了融资约束。

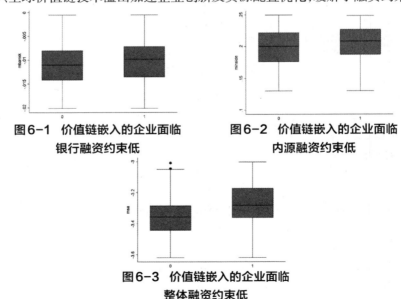

图6-1 价值链嵌入的企业面临银行融资约束低

图6-2 价值链嵌入的企业面临内源融资约束低

图6-3 价值链嵌入的企业面临整体融资约束低

第三节 基准回归结果分析

本节进行基准回归分析,首先检验价值链嵌入决策、是否存在外资参与对融资约束的影响;然后检验价值链嵌入度、外资比重对融资约束的影响,最后检验两者的交互关系。

一、全球价值链嵌入决策的影响

表6-3检验了全球价值链嵌入决策对企业融资约束的影响。第(1)-第(3)列的被解释变量分别是企业外部融资约束、内源融资约束和用SA指数衡量的总体融资约束。核心解释变量是企业是否嵌入全球价值链(fvar_01),该变量为虚拟变量,取值为1表示企业嵌入了全球价值链之中,取值为0表示企业没有嵌入全球价值链。可以看到,该变量回归系数在三项回归中均显著为正,说明嵌入全球价值链的企业面临较小的融资约束。前面的理论分析表明,嵌入全球价值链可以通过专业化分工效应、供应链融资协同效应和金融市场信号效应缓解企业融资约束,这一结论在表6-3的回归结果中得到了初步检验。需要注意的是,这三项检验的解释变量是企业是否嵌入全球价值链,对于价值链嵌入程度提高能否有效降低企业的融资约束还需要进一步检验。

表6-3的结果中,是否引入外资也是显著为正的,说明外商直接投资可以有效降低企业的融资约束水平。结合前面的文献梳理,外资参与能够通过直接注资效应、金融信号效应、产业聚集效应和垂直关联效应缓解中国企业的融资约束。控制变量的影响和既有文献也基本一致,全要素生产率、盈利能力、工资水平回归系数显著为正,说明技术水平高、盈利能力强、劳动生产率高的企业较少面临融资约束的制约。

表6-3 全球价值链嵌入决策对融资约束的影响

变量	（1）外部融资约束	（2）内部融资约束	（3）SA指数
是否嵌入	0.083*** (0.000)	0.016*** (0.001)	0.097*** (0.002)
是否存在外资	0.342*** (0.005)	0.027*** (0.001)	0.141*** (0.002)
全要素生产率	0.039*** (0.004)	0.011*** (0.001)	0.083*** (0.002)
盈利能力	0.063*** (0.006)	0.155*** (0.001)	0.123*** (0.003)
平均工资	0.034*** (0.004)	0.012*** (0.001)	0.036*** (0.002)
出口依存度	0.003*** (0.001)	−0.003*** (0.001)	0.0129*** (0.000)
企业效率	0.015*** (0.004)	−0.001** (0.001)	0.058*** (0.002)
企业规模	0.022*** (0.002)	0.031** (0.000)	0.015*** (0.001)
常数项	8.749*** (0.046)	−0.009 (0.009)	−4.493*** (0.022)
年份固定效应	是	是	是
省份固定效应	是	是	是
行业固定效应	是	是	是
观测值	161,687	161,687	161,687
R^2	0.173	0.123	0.200

注：括号内为标准误，*** $p<0.01$，** $p<0.05$，* $p<0.1$。

二、全球价值链嵌入度的影响

接下来检验全球价值链嵌入度对企业融资约束的影响，结果在表6-4中给出。其中（1）-（3）列分别以企业外部融资约束、内源融资约束和用SA指数衡量的总体融资约束作为被解释变量。

首先观察全球价值链嵌入度的影响。全球价值链嵌入度的回归系数在三项回归中均显著为正,表明随着全球价值链嵌入度的提高,企业的融资约束得到有效缓解。根据前面的理论分析,这是因为较高的全球价值链嵌入度意味着企业在产品生产中更加专业化从事自身具有优势的生产环节生产,进口国外中间品进行生产,避免从事超出自身融资能力的生产环节,从而有效地降低了融资约束。而且高度专业化的生产也意味着企业能够和价值链核心企业建立更为稳固的长期合作关系,从而充分利用供应链金融的协同效应和信号效应。

然后观察外资比例的系数。可以看到,外资比例的回归系数均显著为正,说明外资比例上升有助于企业缓解融资约束。结合前面的文献梳理,外资参与能够通过直接注资效应、金融信号效应、产业聚集效应和垂直关联效应缓解中国企业的融资约束。随着外资比重的上升,上述效应得到增强,企业面临的融资约束水平显著降低。

最后看控制变量的系数。控制变量的影响和既有文献也基本一致,全要素生产率、盈利能力、企业规模等变量回归系数显著为正,说明技术水平高、盈利能力强、规模较大的企业较少面临融资约束的制约。

表6-4　全球价值链嵌入度、外商直接投资比重的影响检验

变量	（1） 外部融资约束	（2） 内部融资约束	（3） SA 指数
嵌入度	0.213*** （0.005）	0.005*** （0.001）	0.071*** （0.002）
外资比重	0.092*** （0.005）	0.011*** （0.001）	0.021*** （0.002）
全要素生产率	0.049*** （0.004）	−0.001 （0.001）	0.093*** （0.002）
盈利能力	0.309*** （0.005）	0.032*** （0.002）	0.171*** （0.002）
平均工资	−0.094*** （0.007）	0.155*** （0.002）	0.044*** （0.003）
出口依存度	0.083*** （0.004）	0.013*** （0.001）	−0.019*** （0.002）

续表

变量	（1）外部融资约束	（2）内部融资约束	（3）SA 指数
企业效率	0.008*** （0.001）	−0.003*** （0.000）	0.012*** （0.000）
企业规模	−0.124*** （0.002）	0.001** （0.000）	0.128*** （0.001）
常数项	9.160*** （0.045）	−0.024** （0.010）	−4.873*** （0.020）
年份固定效应	是	是	是
省份固定效应	是	是	是
行业固定效应	是	是	是
观测值	161,687	161,687	161,687
R^2	0.200	0.122	0.327

注：括号内为标准误，*** $p<0.01$，** $p<0.05$，* $p<0.1$。

三、全球价值链嵌入与外商直接投资的交互关系

再来看全球价值链嵌入与外商直接投资在缓解企业融资约束中的交互关系。表6-5展示了包含全球价值链嵌入度与外资参与度交互项的回归结果，三列分别是以企业外部融资约束、内源融资约束和用SA指数衡量的总体融资约束作为被解释变量的回归结果。从单独项看，全球价值链嵌入度回归系数显著为正，说明随着企业嵌入全球价值链的程度提高，其面临的融资约束水平显著降低。外资参与度的回归系数也保持显著为正，说明随着外资参与度提高，企业面临的融资约束显著降低。这两项和前面的结果是一致的。

两者的交互项显著为负，表明虽然这两种因素都能够降低企业的融资约束，但随着外资参与度的提高，全球价值链嵌入度的作用会减弱。反过来，随着全球价值链嵌入度的提高，外资参与所起的作用也会减弱。两者的作用相互替代。从专业化分工效应来看，通过吸引外资缓解融资约束后，企业可以从事的生产环节，特别是高融资依赖度生产环节的数量增加，其通过嵌入全球价值链来缓解融资约束的必要性降低，或者通过高度

嵌入来缓解融资约束的必要性降低。

表6-5 跨国直接投资与嵌入全球价值链的交互关系

变量	（1）外部融资约束	（2）内部融资约束	（3）SA 指数
嵌入与外资交互项	−0.076***	−0.005**	−0.052***
	（0.012）	（0.003）	（0.005）
外资比重	0.488***	0.032***	0.188***
	（0.006）	（0.001）	（0.003）
嵌入度	0.213***	−0.001	0.098***
	（0.008）	（0.002）	（0.003）
全要素生产率	0.100***	0.011***	0.019***
	（0.005）	（0.001）	（0.002）
盈利能力	0.099***	0.154***	0.042***
	（0.007）	（0.002）	（0.003）
平均工资	0.075***	0.014***	−0.017***
	（0.004）	（0.001）	（0.001）
出口依存度	0.006***	−0.003***	0.012***
	（0.001）	（0.000）	（0.000）
企业效率	−0.053***	−0.001	0.094***
	（0.004）	（0.001）	（0.001）
全要素生产率	−0.120***	0.001**	0.128***
	（0.002）	（0.000）	（0.001）
企业规模	9.176***	−0.027***	−4.890***
	（0.045）	（0.010）	（0.020）
常数项	9.176***	−0.0272***	−4.890***
	（0.0446）	（0.0101）	（0.0201）
年份固定效应	是	是	是
省份固定效应	是	是	是
行业固定效应	是	是	是
观测值	161,687	161,687	161,687
R^2	0.217	0.121	0.323

注：括号内为标准误，*** $p<0.01$，** $p<0.05$，* $p<0.1$。

通过以上理论分析和经验检验可以得到两个基本结论。第一,全球价值链嵌入能够通过专业化分工机制、供应链融资协同机制和金融市场信号机制缓解企业融资约束。从回归分析来看,嵌入全球价值链的企业面临的融资约束水平显著低于非嵌入的企业,而且随着嵌入度的提高,企业的融资约束水平显著下降。第二,全球价值链嵌入和外商直接投资都能够降低企业的融资约束,但两者的作用相互替代,即随着外资参与度的提高,全球价值链嵌入度的作用会减弱,反之亦然。下一节将处理内生性并进行异质性分析。

第四节　内生性处理与异质性分析

上一节的分析表明,企业嵌入全球价值链有助于缓解融资约束。既有文献也系统研究了企业融资约束对全球价值链嵌入决策、嵌入方式和嵌入深度的影响,可能存在由于双向因果关系导致的内生性。本节通过倾向匹配得分(PSM)的方法来处理以保证研究结果的可靠性。此外还展开异质性分析,探讨全球价值链嵌入缓解融资约束的作用在不同类型企业上表现出来的差异性。

一、内生性处理

(一)内生性产生的原因

本书考虑由双向因果关系产生的内生性。前面的分析表明,企业嵌入全球价值链可以缓解融资约束,既有文献也系统研究了企业融资约束对全球价值链嵌入决策、嵌入方式和嵌入深度的影响。如张杰和刘志彪(2008)、徐晖(2014)等对中国企业参与国际分工的形式进行了划分,基于企业层面的嵌入方式分为原始设备制造、原始设计制造以及自主品牌制造,分别代表产业价值链上的制造、研发和品牌环节。Manova和Yu(2012)实证研究表明,随着融资约束的缓解,企业参与国际贸易的模式将从来料加工组装贸易转向进料加工贸易,从加工贸易转向一般贸易。在价值链低端从事活动的往往是高融资约束的企业,在价值链的分工体系中只是对进口中间品进行简单的加工组装。吕越等(2016)实证研究了融资约束对我国制造业在GVC中的嵌入度及地位的影响,发现融资约束的缓解有利于带动产业提升GVC地位,当融资约束较少时,可以带动产业在全球价值链中地位的升级等。这种双向因果关系的存在可能导致样本选择偏差。

(二)倾向得分匹配检验

本书采用倾向得分匹配法来处理内生性问题。按照企业是否存在全球价值链嵌入进行分组,将存在价值链嵌入行为的企业作为处理组,反之为对照组。接着用Logit方法估算企业存在价值链嵌入行为的概率,并且将回归结果作为倾向得分。将SA指数、内部融资约束以及外部融资约束作为结果变量,以是否存在全球价值链嵌入作为处理变量,在控制其他因素的条件下检验全球价值链嵌入对企业融资约束的影响。其中控制变量包括是否存在外资、全要素生产率、盈利能力、平均工资、出口依存度、工业增加值以及企业规模。结果在表6-6中展示。可以看出,全球价值链嵌入对缓解企业融资约束具有显著的促进作用。

表6-6　处理变量为是否嵌入时的检验(PSM方法)

结果变量 处理变量	(1) SA指数	(2) 外部融资约束	(3) 内部融资约束
是否嵌入	0.178*** (0.002)	0.378*** (0.005)	0.042*** (0.001)
控制变量	是	是	是
观测值	161,687	161,687	161,687

注:表中***、**、*所代表的显著度水平分别是1%、5%、10%。报告数值为变量的系数和标准误。

为了验证PSM是否把数据进行平衡化,本书还做了平衡性检验。简单起见,表6-7仅给出了以SA指数为结果变量的平衡性检验的结果。可以看出,匹配后控制变量中除了平均工资t值拒绝不存在显著差异的假设,其他变量的标准化偏差全都下降,且t值不能拒绝两组样本间不存在显著差异这一假设。将结果变量替换为内部和外部融资约束后,其他变量的标准化偏差基本有所下降且无显著性差异。进而说明匹配样本无系统性偏差,达到可比性标准,检验结果可靠。

表6-7 处理变量为是否嵌入时控制变量匹配结果平衡性检验

变量	类型	标准化偏差%			标准化偏差变化%			t值		
		SA	内部融资约束	外部融资约束	SA	内部融资约束	外部融资约束	SA	内部融资约束	外部融资约束
是否嵌入	U	80.2	80.2	80.2	99.5	99.5	99.5	157.90	157.90	157.90
	M	0.4	0.4	0.4				1.09	1.09	1.09
全要素生产率	U	−1.9	−1.9	−1.9	7.3	7.3	7.3	−3.36	−3.36	−3.36
	M	−1.7	−1.7	−1.7				−1.01	−1.01	−1.01
盈利能力	U	2.0	2.0	2.0	98.7	98.7	98.7	3.61	3.61	3.61
	M	−4.0	−4.0	−4.0				−0.45	−0.45	−0.45
平均工资	U	33.7	33.7	33.7	76,5	76,5	76,5	60.47	60.47	60.47
	M	7.9	7.9	7.9				18.93	18.93	18.93
出口依存度	U	24.5	24.5	24.5	97.7	97.7	97.7	43.55	43.55	43.55
	M	0.6	0.6	0.6				1.16	1.16	1.16
企业效率	U	7.8	7.8	7.8	99.0	99.0	99.0	13.92	13.92	13.92
	M	0.1	0.1	0.1				0.18	0.18	0.18
企业规模	U	−10.9	−10.9	−10.9	32.5	32.5	32.5	−20.45	−20.45	−20.45
	M	7.3	7.3	7.3				1.59	1.59	1.59

注:表中"U"为对照组,"M"为处理组。

为进一步考察全球价值链嵌入和外资参与的交互项影响,本书还按照是否同时存在全球价值链的嵌入行为和外商直接投资将样本分成两组并构造匹配对象,将SA指数、内部融资约束以及外部融资约束作为结果变量,以全球价值链嵌入和外资参与度交互项作为处理变量,得到表6-8所示的回归结果,控制变量包括是否存在外资、全要素生产率、盈利能力、平均工资、出口依存度、工业增加值以及企业规模。可以看出,交互项的系数显著为负,也就是通过倾向得分匹配处理内生性后,全球价值链嵌入和外资参与在缓解企业融资约束中的作用仍然呈现相互替代关系。

表6-8　处理变量为嵌入与外资交互项时的检验（PSM方法）

处理变量　　　　　　　结果变量	（1） SA指数	（2） 外部融资约束	（3） 内部融资约束
嵌入与外资交互项	−0.153*** （0.003）	−0.400*** （0.006）	−0.008** （0.001）
控制变量	是	是	是
观测值	161,687	161,687	161,687

注：表中***、**、*所代表的显著度水平分别是1%、5%、10%。报告数值为变量的系数和标准误。

表6-9是以SA指数作为结果变量，全球价值链嵌入与外资参与交互项作为处理变量时控制变量的检验结果。与匹配前相比，嵌入度、外资比重、全要素生产率、盈利能力、平均工资、出口依存度、工业增加值以及企业规模等控制变量的标准化偏差基本显著下降，除了出口依存度的t值外，都不能拒绝两组样本之间不存在显著差异的假设。将结果变量替换为内部和外部融资约束后，其他变量的标准化偏差基本有所下降且无显著性差异。这意味着匹配后的样本具有比较好的平衡，与可比性标准相符，检验结果可靠。

表6-9　处理变量为嵌入与外资交互项时控制变量匹配结果平衡性检验

变量	类型	标准化偏差% SA	标准化偏差% 内部融资约束	标准化偏差% 外部融资约束	标准化偏差变化% SA	标准化偏差变化% 内部融资约束	标准化偏差变化% 外部融资约束	t值 SA	t值 内部融资约束	t值 外部融资约束
嵌入度	U	20.7	20.7	20.7	93.2	93.2	93.3	35.36	35.36	35.36
	M	−1.4	−1.4	−1.4				−1.27	−1.27	−1.23
外资比重	U	85.0	85.0	85.0	96.1	96.1	96.1	157.90	157.90	157.90
	M	1.3	1.3	1.2				0.44	0.44	0.34
全要素生产率	U	11.8	11.8	11.8	81.7	81.7	81.7	16.53	16.53	16.53
	M	−6.9	−6.9	−6.9				−5.71	−5.71	−5.71
盈利能力	U	−7.4	−7.4	−7.4	98.1	98.1	98.1	−9.49	−9.49	−9.49
	M	8.8	8.8	8.8				−1.02	−1.02	−1.02
平均工资	U	438	438	438	97.6	97.6	97.6	61.62	61.62	61.62
	M	−1.1	−1.1	−1.1				−1.04	−1.04	−1.04

变量	类型	标准化偏差%			标准化偏差变化%			t值		
		SA	内部融资约束	外部融资约束	SA	内部融资约束	外部融资约束	SA	内部融资约束	外部融资约束
出口依存度	U	−23.1	−23.1	−23.1	38.2	38.2	38.2	−31.59	−31.59	−31.59
	M	−5.0	−5.0	−5.0				−7.76	−7.76	−7.76
企业效率	U	41.0	41.0	41.0	69.1	69.1	69.1	57.17	57.17	57.17
	M	2.9	2.9	2.9				1.24	1.24	1.24
企业规模	U	18.4	18.4	18.4	96.8	96.8	96.8	23.67	23.67	23.67
	M	−6.4	11.8	−3.4				−0.67	−0.67	−0.67

注:表中***、**、*所代表的显著度水平分别是1%、5%、10%。报告数值为变量的
系数和标准误。

二、异质性分析

(一)分企业所有制异质性检验

多种所有制经济并存是我国经济的一项重要特征,不同所有制企业
不仅在激励机制和经营目标方面存在明显差别,在参与市场竞争时所享
受的政策支持、面临的行业壁垒也各不相同,全球价值链嵌入和外资参与
对企业融资约束的影响也会存在差异。我们将企业样本划分为国有企业
和民营企业两个子样本,检验全球价值链嵌入、外资参与及其交互项对企
业融资约束的影响。结果在表6-10中予以总结。

先看民营企业样本回归结果。被解释变量是外部融资约束和总体融
资约束时,全球价值链嵌入的回归系数显著为正,外资参与度的回归系数
在三项回归中都显著为正,两者的交互项显著为负。这和总样本回归结
果是非常接近的,即对于民营企业,全球价值链嵌入和外资参与都能显著
降低企业融资约束,而且两者的作用是相互替代的。

再来看国有企业样本回归结果。首先,用SA指数衡量企业融资约束
时,全球价值链嵌入、外资参与及其交互项对国有企业融资约束的影响与
总样本是一致的,但在外部融资约束和内源融资约束的回归中则存在差
异。从外部融资约束看,随着全球价值链嵌入度和外资参与度提升,国有
企业的融资约束都能得到缓解,但这两种方式的交互项并不显著,两者不

具有相互替代关系。这可能是由于政府与国有企业之间的特殊关系导致的,国有企业可以获得银行融资的各种优惠条件和便利。从内源融资约束来看,国有企业样本回归结果和总样本回归存在更明显的差异,主要体现在全球价值链嵌入度提高会导致企业内部融资约束加强,同时该变量与外资参与度的交互项回归系数显著为正。

表6-10　不同所有制下企业嵌入价值链与吸引外资对融资约束的影响

变量	国有			民营		
	（1）	（2）	（3）	（4）	（5）	（6）
	外部融资约束	内部融资约束	SA 指数	外部融资约束	内部融资约束	SA 指数
嵌入与外资交互项	0.008 (0.118)	0.120*** (0.021)	−0.506*** (0.079)	−0.101*** (0.012)	−0.007*** (0.003)	−0.03*** (0.005)
外资比重	0.348*** (0.073)	0.037*** (0.013)	1.254*** (0.049)	0.489*** (0.007)	0.038*** (0.001)	0.127*** (0.003)
嵌入度	0.097*** (0.026)	−0.022*** (0.005)	0.203*** (0.018)	0.238*** (0.009)	0.001 (0.002)	0.072*** (0.004)
全要素生产率	0.021 (0.020)	0.032*** (0.003)	−0.071*** (0.013)	0.105*** (0.004)	0.009*** (0.001)	−0.014*** (0.002)
盈利能力	−0.115*** (0.042)	0.144*** (0.007)	0.084*** (0.028)	−0.099*** (0.007)	0.155*** (0.002)	0.045*** (0.003)
平均工资	0.108*** (0.017)	0.023*** (0.003)	−0.054*** (0.011)	0.072*** (0.004)	0.013*** (0.001)	−0.014*** (0.002)
出口依存度	−0.005 (0.003)	−0.005*** (0.001)	0.021*** (0.002)	0.006*** (0.001)	−0.003*** (0.000)	0.008*** (0.000)
企业效率	−0.008 (0.018)	−0.026*** (0.003)	0.219*** (0.012)	−0.055*** (0.004)	0.002** (0.001)	0.066*** (0.002)
企业规模	−0.088*** (0.007)	−0.007*** (0.001)	0.135*** (0.005)	−0.123*** (0.002)	0.001 (0.000)	0.142*** (0.001)
常数项	8.580*** (0.180)	−0.007 (0.031)	−5.169*** (0.121)	9.230*** (0.046)	−0.021*** (0.011)	−4.918*** (0.018)
年份固定效应	是	是	是	是	是	是
省份固定效应	是	是	是	是	是	是
行业固定效应	是	是	是	是	是	是
观测值	12,886	12,886	12,886	148,799	148,799	148,799
R²	0.118	0.139	0.280	0.215	0.124	0.381

注:括号内为标准误,*** p<0.01, ** p<0.05, * p<0.1。

总之,民营企业样本与总体样本的回归结果更一致,也和理论分析基本一致,而国有企业样本则体现出了较明显的特殊性。这显然和企业决策的市场化水平有关。进一步讲,中国幅员辽阔,各地区发展不平衡,东部地区开放程度高、市场化程度也更高,国有企业在不同地区经营时,其经营决策机制也要受到当地市场化水平影响。因此在市场化程度较高的东部地区,国有企业样本的回归结果会更接近民营企业样本,而中西部地区国有企业样本会体现出更强的特殊性。下面将进一步进行分地区和分"地区-所有制"异质性检验。

(二)考虑地区差异的进一步异质性检验

首先将总样本划分为东部地区和中西部地区分别进行检验,每个地区子样本没有按照企业所有制分组,结果在表6-11中予以总结。在东部地区,被解释变量是外部融资约束和总体融资约束时,全球价值链嵌入的回归系数显著为正,外资参与度的回归系数在三项回归中都显著为正,两者的交互项显著为负,这和总样本回归结果是非常接近的。而在中西部地区,以SA指数衡量融资约束时,全球价值链嵌入度和外资参与度回归系数显著为正,交互项回归系数显著为负,与总样本结果一致,但其他两项回归则表现出高度特殊性。与表6-10的结果进行综合考量可以认为,造成这种差异的原因可能是在不同的地区,国有企业融资约束所受影响存在差异。因此有必要在"地区-所有制"做进一步异质性检验。

表6-11 不同区位下企业嵌入价值链与吸引外资差异

变量	东部			中西部		
	(1)	(2)	(3)	(4)	(5)	(6)
	外部融资约束	内部融资约束	SA指数	外部融资约束	内部融资约束	SA指数
嵌入与外资交互项	−0.071***	−0.008***	−0.043***	−0.024	0.035*	−0.072**
	(0.012)	(0.002)	(0.005)	(0.051)	(0.008)	(0.028)
外资比重	0.489***	0.033***	0.178***	0.429***	0.0215***	0.262***
	(0.006)	(0.001)	(0.002)	(0.032)	(0.005)	(0.017)
嵌入度	0.206***	−0.000	0.087***	0.219***	−0.012***	0.141***
	(0.00940)	(0.002)	(0.004)	(0.027)	(0.004)	(0.014)

续表

变量	东部			中西部		
	（1）	（2）	（3）	（4）	（5）	（6）
	外部融资约束	内部融资约束	SA指数	外部融资约束	内部融资约束	SA指数
全要素生产率	0.102***	0.008***	−0.013***	0.065***	0.032***	−0.091***
	（0.004）	（0.001）	（0.002）	（0.019）	（0.003）	（0.011）
盈利能力	−0.095***	0.151***	0.044***	−0.208***	0.231***	0.020
	（0.007）	（0.001）	（0.003）	（0.039）	（0.006）	（0.022）
平均工资	0.068***	0.011***	−0.014***	0.119***	0.029***	−0.032***
	（0.004）	（0.001）	（0.002）	（0.016）	（0.002）	（0.009）
出口依存度	0.006***	−0.003***	0.011***	−0.001	−0.004***	0.015***
	（0.001）	（0.000）	（0.000）	（0.003）	（0.001）	（0.002）
企业效率	−0.052***	0.002**	0.082***	−0.034*	−0.031***	0.197***
	（0.004）	（0.001）	（0.001）	（0.017）	（0.003）	（0.009）
企业规模	−0.123***	−0.000	0.130***	−0.094***	0.006***	0.126***
	（0.001）	（0.000）	（0.001）	（0.006）	（0.001）	（0.003）
常数项	9.277***	0.004	−4.910***	8.384***	−0.278***	−4.838***
	（0.046）	（0.011）	（0.020）	（0.176）	（0.029）	（0.096）
年份固定效应	是	是	是	是	是	是
省份固定效应	是	是	是	是	是	是
行业固定效应	是	是	是	是	是	是
观测值	148,707	148,707	148,707	12,980	12,980	12,980
R^2	0.218	0.119	0.337	0.114	0.177	0.289

注：括号内为标准误，*** $p<0.01$，** $p<0.05$，* $p<0.1$。

表6-12给出了东部地区国有企业和民营企业样本回归结果。可以看出，对于不同所有制的企业，被解释变量是外部融资约束和总体融资约束时，全球价值链嵌入的回归系数显著为正，外资参与度的回归系数在三项回归中都显著为正，两者的交互项显著为负，和总样本回归结果基本一致。说明在市场化程度较高的地区，全球价值链嵌入及其与外资参与度交互项对企业融资约束的影响几乎和企业所有制无关。

而在中西部地区（表6-13）则明显不同。对于国有企业，除了以SA指数为被解释变量的回归以外，另外两项回归中全球价值链嵌入和外资参与度单独项的回归系数都不显著。对于民营企业，外部融资依赖、总体

129

融资依赖回归和总体样本回归结果一致或者接近,但内源融资约束回归结果与基准结果相去甚远。总的来说,在市场化水平和贸易开放度较低的中西部,民营企业样本回归结果与基准回归接近,而国有企业样本回归则与基准回归差异较大。

表6-12 东部国有、民营企业嵌入价值链与吸引外资差异

变量	东部国有企业			东部民营企业		
	(1)	(2)	(3)	(4)	(5)	(6)
	外部融资约束	内部融资约束	SA指数	外部融资约束	内部融资约束	SA指数
嵌入与外资交互项	−0.071***	−0.007***	−0.043***	−0.086***	−0.008***	−0.034***
	(0.012)	(0.002)	(0.005)	(0.012)	(0.002)	(0.004)
外资比重	0.489***	0.033***	0.178***	0.487***	0.038***	0.122***
	(0.006)	(0.002)	(0.002)	(0.006)	(0.001)	(0.002)
嵌入度	0.206***	−0.001	0.087***	0.221***	0.001	0.070***
	(0.009)	(0.002)	(0.004)	(0.010)	(0.002)	(0.003)
全要素生产率	0.102***	0.008***	−0.013***	0.105***	0.007***	−0.011***
	(0.004)	(0.001)	(0.002)	(0.004)	(0.001)	(0.001)
盈利能力	−0.095***	0.151***	0.044***	−0.095***	0.151***	0.047***
	(0.007)	(0.001)	(0.003)	(0.007)	(0.001)	(0.002)
平均工资	0.068***	0.012***	−0.015***	0.064***	0.011***	−0.011***
	(0.004)	(0.001)	(0.001)	(0.004)	(0.001)	(0.00162)
出口依存度	0.006***	−0.003***	0.010***	0.007***	−0.002***	0.008***
	(0.000)	(0.000)	(0.000)	(0.000)	(0.000)	(0.000)
企业效率	−0.052***	0.002**	0.082***	−0.054***	0.004***	0.059***
	(0.004)	(0.001)	(0.001)	(0.004)	(0.001)	(0.001)
企业规模	−0.123***	−0.000	0.130***	−0.124***	−0.000	0.143***
	(0.001)	(0.000)	(0.001)	(0.001)	(0.000)	(0.001)
常数项	10.000***	−0.027	−4.747***	9.386***	−0.222***	−4.786***
	(0.150)	(0.034)	(0.065)	(0.290)	(0.068)	(0.113)
年份固定效应	是	是	是	是	是	是
省份固定效应	是	是	是	是	是	是
行业固定效应	是	是	是	是	是	是
观测值	148,707	148,707	148,707	138,639	138,639	138,639
R^2	0.217	0.118	0.336	0.216	0.121	0.392

注:括号内为标准误,*** $p<0.01$,** $p<0.05$,* $p<0.1$。

表6-13 中西部国有、民营企业嵌入价值链与吸引外资差异

变量	中西部国有			中西部民营		
	（1）	（2）	（3）	（4）	（5）	（6）
	外部融资约束	内部融资约束	SA指数	外部融资约束	内部融资约束	SA指数
嵌入与外资交互项	0.483*	0.112**	−0.732***	−0.116**	0.029***	−0.000
	（0.286）	（0.046）	（0.215）	（0.059）	（0.009）	（0.024）
外资比重	0.002	0.021	1.533***	0.465***	0.031***	0.153***
	（0.191）	（0.030）	（0.143）	（0.033）	（0.005）	（0.015）
嵌入度	0.004	−0.005	0.208***	0.311***	−0.012**	0.085***
	（0.051）	（0.008）	（0.038）	（0.032）	（0.005）	（0.014）
全要素生产率	−0.074*	0.074***	−0.174***	0.104***	0.024***	−0.071***
	（0.045）	（0.007）	（0.034）	（0.022）	（0.003）	（0.010）
盈利能力	−0.161	0.056***	0.082	−0.230***	0.251***	0.008
	（0.120）	（0.019）	（0.090）	（0.042）	（0.007）	（0.019）
平均工资	−0.0325	0.033***	−0.021	0.153***	0.029***	−0.047***
	（0.035）	（0.005）	（0.027）	（0.018）	（0.003）	（0.008）
出口依存度	−0.007	−0.002**	0.016***	0.001	−0.003***	0.011***
	（0.008）	（0.001）	（0.006）	（0.004）	（0.001）	（0.001）
企业效率	0.091**	−0.065***	0.303***	−0.058***	−0.023***	0.141***
	（0.042）	（0.006）	（0.031）	（0.019）	（0.003）	（0.008）
企业规模	−0.028*	−0.011***	0.199***	−0.119***	0.007***	0.141***
	（0.014）	（0.002）	（0.011）	（0.007）	（0.001）	（0.003）
常数项	10.190***	−0.075	−6.082***	7.749***	−0.326***	−3.620***
	（0.444）	（0.071）	（0.334）	（0.364）	（0.062）	（0.164）
年份固定效应	是	是	是	是	是	是
省份固定效应	是	是	是	是	是	是
行业固定效应	是	是	是	是	是	是
观测值	2,819	2,819	2,819	10,161	10,161	10,161
R^2	0.076	0.150	0.352	0.118	0.205	0.316

注：括号内为标准误，*** p<0.01，** p<0.05，* p<0.1。

第五节　本章小结

　　既有文献大多强调面临融资约束的企业更容易被嵌入全球价值链中，而且融资约束越强，企业越容易被嵌入低端位置。在这类研究中，企业融资约束水平被看作是外生的，会影响企业嵌入全球价值链的方式、位置和程度。跨国公司通过国际生产分割建立全球生产网络，并通过外包或者垂直一体化的方式将众多企业纳入其生产体系之中。跨国公司在全球价值链治理过程中为被嵌入企业提供技术与资金，使后者获得参与全球价值链体系的能力，同时也提高价值链的稳定性。虽然从理论上嵌入企业的融资约束在此过程中能够得到缓解，但既有文献对嵌入全球价值链在缓解企业融资约束中的作用关注较少，本章尝试利用微观企业数据对这种影响进行探究。外国直接投资也会通过多种途径影响企业的融资约束，本章还进一步探讨了嵌入全球价值链和外资参与在缓解企业融资约束中的相互关系。

　　融资约束对于企业绩效提升、产品和技术创新、生产率提升等都具有重要的影响，如何缓解融资约束是企业关心的核心问题之一。本书认为，全球价值链嵌入能够通过专业化分工机制、供应链融资协同机制和金融市场信号机制缓解企业融资约束。企业通过吸引外资也可以缓解融资约束，本书认为两者的作用是相互替代的，这是因为企业通过吸引外资缓解融资约束后，可以从事的生产环节（特别是高融资依赖度生产环节）的数量增加，其通过嵌入全球价值链来缓解融资约束的必要性降低，或者嵌入全球价值链的程度会降低。

　　本章采用三种方法测度企业融资约束，包括SA指数、外部融资约束和内部融资约束，使用2000—2006年中国工业企业数据库与海关数据库两者的合并数据进行分析。主要发现有以下几点：第一，全球价值链嵌入能够通过专业化分工机制、供应链融资协同机制和金融市场信号机制缓解企业融资约束,从回归分析来看,嵌入全球价值链的企业面临的融资约束水平显著低于非嵌入的企业,而且随着嵌入度的提高,企业的融资约束水平显著下降;第二,全球价值链嵌入和外商直接投资都能够降低企业的融资约束,但两者的作用相互替代,即随着外资参与度的提高,全球价值链嵌入度的作用会减弱,反之亦然;第三,既有文献也系统研究了企业融资约束对全球价值链嵌入决策、嵌入方式和嵌入深度的影响,可能存在由于双向因果关系导致的内生性,采用倾向匹配得分(PSM)的方法处理内生性后,研究结果具有高度可靠性;第四,上述效应对不同所有制、不同地区企业的作用存在差异,东部地区无论国有企业还是民营企业,上述效应都明显存在。而在市场化程度和开放度较低的中西部地区,上述结论对民营企业是基本成立的,而对于国有企业则较弱。

第七章
伙伴国金融发展对
中国进口品质结构的影响

金融发展与对跨国公司的国际生产分割活动具有重要的影响。金融发展水平较高、金融结构较优的国家，能够承接更多高附加值生产环节，出口中高品质产品占比也应该更高。本章基于中国进口的视角研究金融发展对出口品质结构的影响，检验伙伴国金融发展水平是否有助于提高其对华出口的品质结构水平。利用 BACI 数据库计算中国的贸易伙伴国在 2003—2014 年对华出口品质结构指标进行经验研究，发现伙伴国金融发展对中国进口品质结构改善有显著的正向影响，这种影响是金融发展通过缓解伙伴国企业面临的融资约束、促进技术创新和人力资本积累实现的。将中国进口产品按照最终用途划分为资本品、中间品和消费品分别进行回归分析后发现，伙伴国金融发展对中国进口的各大类商品品质结构改善有显著的正向影响。按照"一带一路"沿线国家与非沿线国家进行分组检验还发现，上述效应在"一带一路"国家样本中更强。

第一节　研究背景与相关文献

一、研究背景与意义

前面章节的研究表明，金融发展与对跨国公司的国际生产分割活动具有重要的影响。金融发展水平较高、金融结构较优的国家，能够承接更多高附加值生产环节，出口中外国增加值占比相对较低。但"能够承接更多高附加值生产环节"这一推断是根据"出口中外国增加值占比相对较低"倒推出来的,还需要进一步的经验证据。如果一国能够承接高附加值生产环节,则该国出口的品质水平更高,因此可以通过考察金融发展水平较高国家的出口品质是否更优来检验其对高附加值生产环节承接能力的影响。但从全球贸易的视角看,虽然各国出口的对象都是"世界市场",但由于每个国家面对的"世界市场"并不完全一样,例如中国面临的世界市场是除中国以外的其他国家,而越南面临的世界市场是除越南以外的其他国家,比较简单且有效的处理方法是保证样本国家出口的目的国都是一样的。为此,本章以中国作为出口目的国,考察金融市场发展对贸易伙伴国出口品质结构的影响,也就是研究是否金融发展水平较高的伙伴国,对华出口中高品质产品占比更高。

大量理论与实证研究文献表明,金融发展这一制度性因素在提升一国出口品质时确实有举足轻重的作用,并且使用不同的出口品质衡量方法与指标均能够得到相似的结论。例如,从出口品质结构提升角度看,丁一兵和刘璐(2013)发现金融发展提高会促进出口结构的调整与升级。雷日辉和张亚斌(2013)、齐俊妍等(2011)发现金融发展会提升出口技术复杂度。另外,对金融发展如何影响出口品质进行机制分析时,顾国达和郭爱美(2013)发现,金融发展通过促进人力资本积累、研发效率和FDI技术溢出吸收能力,进而对一国出口技术复杂度产生积极影响。杜晓英(2015)提出,当满足金融门槛条件后,出口复杂度会随金融发展完善而改善,且主要通过促进技术创新、FDI技术溢出效应。本章采用BACI数据库和全球金融发展指标数据库(GFDD),通过实证研究探讨伙伴国金融发展对中国进口品质结构的影响,从而检验金融发展是否有助于提升一国高附加值生产环节的承接能力,对于深入理解金融发展对跨国公司国际生产分割的影响具有一定的参考意义。

二、相关文献

既有文献认为金融发展通过缓解融资约束促进出口品质提升,这方面的文献不断积累。毛毅(2013)用世界银行投资环境调查数据研究了融资依赖和金融发展对企业出口行为的影响。陈清萍和鲍晓华(2014)发现,银行信贷约束和商业信贷约束会随金融发展而缓解,企业出口产品质量因此提高。曾璐璐(2015)用省(市)的面板数据检验金融发展对出口贸易的影响,发现金融发展对外部融资依赖度较高地区出口的促进作用更强。谭赛月明等(2017)发现融资约束与企业出口低收入国家贸易占比成正向关系,因此缓解融资约束有助于企业增加向高收入国家的出口。既有文献的研究结论是基本一致的,产品质量的提高有赖于持续性研发投入、物质资本投资和人力资本投入,而融资约束会通过抑制这些因素而对出口产品质量产生负面影响,金融发展能缓解企业的融资依赖,促进出口产品质量升级。

还有大量文献检验了金融发展促进出口质量提升的机制,主要集中在促进人力资本积累、技术创新和FDI技术外溢这些渠道上。例如杜晓英(2015)研究了金融发展对中国出口质量的影响,发现金融发展通过促进人力资本积累、技术创新、FDI技术溢出效应间接提升了中国出口质量,顾国达和郭爱美(2013)也发现金融发展通过上述三个渠道促进了出口技术复杂度的提升。齐俊妍和王晓燕(2016)从理论上阐释了金融发展促进出口净技术复杂度提升的机制。雷日辉和张亚斌(2013)运用GMM方法,提出出口技术复杂度的提升是因为金融发展水平提高,并且是通过外资技术溢出途径实现的。顾国达和方园(2013)从内生技术进步角度探讨,认为出口品技术含量会随金融发展提高而增加,且是通过影响出口国知识资本积累和FDI技术外溢。这些文献主要强调了金融发展对整体出口品质或者出口技术复杂度的促进作用,丁一兵和刘璐(2013)强调了金融发展对出口结构优化的作用,发现出口结构会随金融发展的完善而升级,且不同类型的金融结构对资本密集型产品出口的影响存在异质性。

已有文献表明,金融发展水平提高能够促进一国出口品质的提升。这些文献往往从一个国家或者多国角度均加以验证,并且对出口品质采用不同的衡量指标,例如出口复杂度、出口技术含量、出口质量指数等。理论上讲,由于不同行业受到金融发展的影响程度存在差异,金融发展会导致出口品质结构的变化,但鲜有文献系统研究金融发展对出口品质结构的影响。本章基于中国进口的视角,研究伙伴国金融发展对其对华出口品质结构的影响,探讨其影响机制,并按货物的最终用途检验上述影响的差异性等,对于进一步理解金融发展与融资约束对跨国公司国际生产分割的影响具有一定的参考意义。

第二节　理论机制与经验研究设计

结合既有文献,本书认为伙伴国金融发展可以通过缓解融资依赖、促进技术创新和促进人力资本积累间接提升伙伴国出口品质,增加高品质商品在出口中的占比,从而使中国的进口品质结构得到改善。本节在理论机制梳理的基础上进行经验研究设计,构建贸易金额结构和种类数结构两种进口品质结构指标,利用跨国面板数据回归检验伙伴国金融发展对中国进口品质结构的影响。

一、理论机制梳理

首先,伙伴国金融发展通过促进出口国技术创新来提高中国进口品质结构。一国金融发展通过促进本国技术创新来提高产品品质的原因有以下两点:第一,完善的金融市场可以为企业创新提供资金。一般来说,企业生产所用的技术越先进,与世界前沿技术的差距越小,则产品品质越好。技术创新能提高技术,但是企业技术创新往往需要很多的资金,企业无法自己满足。完善的金融体系可以缓解企业面临的资金缺口,为企业提供资金从而促进企业创新。第二,完善的金融体系有利于解决融资过程中的逆向选择问题。一般而言,产品品质越高,包含的技术水平越高,与世界前沿的差距越小,需要的技术创新难度更大。风险与收益是对应的,同时,也就意味着企业面临着较高的风险。在金融市场信息不对称情况下,金融机构会为优质企业提供更多贷款,而其他企业的融资问题依然存在,这样会产生逆向选择问题,不利于企业整体的技术进步。因此,完善的金融体系可以缓解金融机构和企业的信息不对称问题,增加企业外部融资的可能性,降低优质企业的融资成本,使劣势企业的融资门槛变低,进而增加大部分企业的研发投入,最终使行业总体研发效率提高。综上所述,企业融资问题会因为金融发展变得容易,企业更多地进行技术创新,金融发展程度的提高有助于促进一国从生产低品质结构产品转向高品质结构产品,这样伙伴国从其进口的产品品质结构也就越高。

其次,伙伴国金融发展通过促进出口国人力资本积累来提高中国进口品质结构。第一,一般来讲,出口品质高的产品,需要更高水平的技术工人,而教育是培养高水平技术人才的主要途径,一系列完善的教育可以增加社会中高水平技术工人的比例。但是,在现实生活中,由于贫富差距的存在,个人和家庭拥有的物质财富不同,甚至有些经济困难的人会因此而辍学。当金融市场不断完善时,那些因家庭经济困难而无法完成学业的人可以从完善的金融市场中获得教育贷款,继续学习,接受更高的教育。因此,完善的金融发展能降低一国信贷市场的不完全性,提高教育融资的水平和效率,从而提高了整个社会中高水平劳动者比例。第二,金融市场的发展,使人力资本投资方式多样化,不仅局限于教育投资,还可以通过培训投资、劳动力流动投资等方式,从而促进一国人力资本积累的速度。第三,当高技术水平人员增加时,服务于研发部门的人力资本数量将增加,间接提高了中间品和最终品的技术含量。综上所述,金融发展不仅能解决教育融资问题,还可以使人力资本投资方式多样化,最终提高一国整体的人力资本水平,进而提升一国产品品质,也就意味着伙伴国从其进口的产品品质越高。

最后,伙伴国金融发展可以通过缓解出口国企业面临的融资依赖度程度来提高中国进口品质结构。融资依赖度是指企业进行投资活动时所受的约束,当企业内外融资成本不一样时发生。第一,对于出口国家的企业来讲,企业要想进入出口市场,就必须要承担一些成本,比如运输成本、沉没成本等。如果国内金融发展水平较低,企业所需外部资金得不到满足,势必会影响出口国企业的出口行为。第二,一般来说,资本和技术密集型企业需要的资金越多,其所受的融资依赖度越高。因此,当金融市场发展不完善时,各类企业投资面临诸多问题,进一步阻碍了企业的创新,甚至会使之难以正常运营,最终宣告破产。金融市场的发展能缓解企业面临的融资依赖度,解决企业融资问题,使企业正常运转,在此基础上进一步促进企业的创新,最终结果会促进国家整体产品品质的提高。基于以上分析,文章提出,伙伴国金融发展能够缓解其国家企业面临的融资依赖度,进而提高中国进口品质结构。

根据上面的分析本书提出如下待检验命题。

命题:伙伴国金融发展可以促进中国进口品质结构改善,高品质进口产品占比提升。

二、经验研究设计

(一)计量模型

本书用2003—2014年中国从各贸易伙伴进口的数据计算进口品质结构指标,利用跨国面板数据模型检验伙伴国金融发展对中国进口品质结构的影响。根据前文的理论分析,模型中不仅检验伙伴国金融发展对中国进口品质结构的影响,还分别加入伙伴国金融发展与人力资本、技术创新、融资依赖度的交叉项对影响渠道进行检验。计量模型设定为:

$$Y_{it} = \beta_0 + \beta_1 GFDD_{it} + \beta_2 Z_{it} + \varepsilon_{it} \tag{1}$$

$$Y_{it} = \beta_0 + \beta_1 GFDD_{it} + \beta_2 GFDD*X_{it} + \beta_3 X_{it} + \beta_4 Z_{it} + \varepsilon_{it} \tag{2}$$

模型(1)检验伙伴国金融发展对中国进口品质结构的直接影响,模型(2)检验伙伴国金融发展通过技术创新、人力资本积累、融资依赖度对中国进口品质结构的间接影响。其中,i 代表进口贸易伙伴国,t 代表年份,Y 为衡量中国进口品质结构的四个指标,本书将 BACI 与 CEPII 数据匹配,按照 CEPII 将进口产品分为高、中、低三个档次。以此为依据计算中国进口各品质档次贸易额、中国进口品质贸易额结构、中国进口各品质档次种类数、中国进口品质种类数结构。$GFDD$表示贸易伙伴国的金融发展水平。X分别为人力资本水平和技术创新、融资依赖度的单独项。控制变量Z包括用进出口总额占GDP比重衡量的贸易开放程度(TR)、用世界性专利申请数量衡量的技术创新水平(RD),外资净流入占GDP的比重(FDI),人力资本水平(HC),双边地理距离($DIST$)、用人口表示的市场规模(POP),人均物质资本(CK),ε_{it}为随机干扰项。本书主要关注金融发展及其与X交互项的系数,如果针对高品质回归结果两项均为正且显著,就说明伙伴国金融发展能够促进中国进口品质结构改善,且这种作用是通过促进伙伴国技术创新、人力资本积累和缓解企业融资依赖度实现的。

（二）数据与变量

1. 进口品质结构

本书用中国进口产品相对于世界平均价格水平作为进口品质的替代变量。CEPII 全球贸易特征数据库(Emlinger and Piton,2014)根据世界各国出口价格中位数高低,将230余个国家出口的5100多种产品(采用HS6分位分类)划分为高、中、低三个价格档次。BACI 数据库提供了相当全面的双边贸易数据,本书利用BACI 数据库得到伙伴国每年向中国出口的各类产品(选用HS6分位分类)的贸易额数据,将BACI 数据库中的HS 六分位中国进口数据与全球贸易特征数据库相匹配,就能得到伙伴国每年向中国出口各类产品的贸易额和价格档次数据,以此为依据计算中国进口品质结构,包括中国进口各品质档次贸易额、中国进口品质贸易额结构、中国进口各品质档次种类数、中国进口品质种类数结构四个维度。其中,对i 国的进口品质贸易额结构即从i 国进口的高、中、低各档次产品贸易额占从i 国进口额的百分比。对i 国的进口品质种类数结构即从i 国进口的高、中、低各档次产品种类数占从i 国进口产品种类总数的百分比。

表7-1对四个维度的进口品质结构指标进行了统计性表述。

表7-1　进口品质结构指标描述性统计

变量名称	最小值	中位数	平均值	最大值
贸易额(千美元)	1	19393	1188102	84997229
贸易额结构(%)	0.000	0.154	0.270	1.000
种类数(个)	1	23	137.8	2835
种类数结构(%)	0.007	0.209	0.270	1.000

2. 金融发展指标

金融发展是一个系统性的概念,包含了金融市场发展、金融机构多样化、金融制度完善等多个方面。已有文献中,国家金融发展指标的选择具有多样性。如:丁一兵和刘璐(2013)选用私人信贷规模、股市市值占GDP比重;齐俊妍和王晓燕(2016)选取存款货币银行或其他金融机构对私人信贷部门贷款/GDP值,排名前三位的银行资产/所有银行总资产的值,用股票市场交易率衡量交易效率。为保证实证结果的可靠性,本书在借鉴已有文献金融发展指标的基础上,充分考虑数据的可获得性,选择了13个常用指标,涵盖了金融可获得性、金融深化、金融效率和金融稳定性等四个方面(表7-2)。数据取自世界银行全球金融发展指标数据库(GFDD)。如果金融发展能够提升伙伴国对华出口的品质结构,在回归结果中应该能够观察到这些变量对高品质产品的对华出口金额、种类数及其占比存在显著的正向影响。

金融发展各项指标的统计描述如表7-3所示。

表7-2　金融发展指标

分组	指标代码	指标含义
金融可获得性	AI.02	每10万名成年人拥有银行机构数量
金融深化	DI.01	货币银行的私人信贷占国内生产总值比重(%)
	DI.02	货币银行资产占国内生产总值比重(%)
	DI.04	货币银行资产占货币银行资产和中央银行资产总资产的比重(%)
	DI.05	流动性负债占国内生产总值比重(%)

续表

分组	指标代码	指标含义
	DI.08	金融系统存款占国内总产值比重(%)
	DI.10	非人身保险保费额占国内生产总值比重(%)
	DI.12	货币银行和其他金融机构的私人信贷占国内生产总值比重(%)
	DI.14	对私营部门的国内信贷(占国内总产值的百分比)
金融 效率	EM.01	股票市场周转比率(%)
金融 稳定性	SI.03	银行资本占总资产比重(%)
	SI.04	银行借贷占存款比重(%)
	SI.05	银行监管资本占风险加权资产比重(%)

资料来源:全球金融发展数据库,经笔者整理。

表7-3　金融发展指标描述性统计

指标代码	最小值	中位数	平均值	最大值
AI.02	0.12	12.90	17.61	253.19
DI.01	0.87	33.62	47.48	262.46
DI.02	1.14	43.30	57.62	263.13
DI.04	3.42	94.04	87.69	100.00
DI.05	5.76	45.34	56.89	345.57
DI.08	3.19	38.58	49.06	331.37
DI.10	0.010	1.00	1.167	5.43
DI.12	0.87	34.84	49.41	262.46
DI.14	0.00	36.97	50.86	312.15
EM.01	0.01	17.39	37.74	494.27
SI.03	1.49	9.50	10.02	26.50
SI.04	9.22	88.10	99.16	879.66
SI.05	1.75	15.80	16.48	45.28

3.融资依赖度

融资依赖度指标最早由 Rajan 和 Zingales(1998)提出,他们提出的计算方式为"外部融资依赖度(EFD)=(资本支出 – 运营资本现金收入)/资本支出"。已有文献对融资依赖度的计算采用了不同的方法,本书用经营活动现金流量净值/总资产的比值(CF)衡量,用国泰安数据库上市公司财务数据计算。表7-4给出了融资依赖度的描述性统计。

表7-4　各行业融资依赖度描述性统计

行业代码	行业名称	最小值	中位数	平均数	最大值
A01	农业	0.003	0.018	0.037	0.492
B07	石油和天然气开采业	0.432	0.618	0.652	1.235
C22	造纸和纸制品业	0.0001	0.006	0.021	0.325
C25	石油化工、炼焦和核燃料加工业	0.118	1.011	2.738	35.89
C26	化学原料和化学制品制造业	0.060	0.389	1.101	15.00
C27	医药制造业	0.065	0.692	1.857	29.27
C28	化学纤维制造业	0.014	0.421	1.835	22.92
C30	非金属矿物制品业	0.060	0.180	0.299	1.944
C31	黑色金属冶炼和压延加工业	0.0003	0.233	0.331	1.479
C32	有色金属冶炼和压延加工业	0.146	0.504	0.904	9.429
G58	装卸搬运和运输代理业	0.035	0.281	0.267	0.742

4.其他变量

其他变量如下:(1)技术创新(RD):用各国世界性专利申请数衡量。一般而言,产品的技术含量越高,与世界前沿技术差距越小,则产品的品质越好。因此,一国技术水平越高,则一国出口品质结构越高。(2)人力资本水平(HC):一国的人力资本水平越高,代表其高水平劳动者越多,越有机会创造技术先进产品,在市场上拥有更多的高品质产品,出口产品结构较优。(3)贸易开放度(TR):用各国进出口贸易总额占GDP值表示;贸易开放程度越高,表明与贸易伙伴的关系越密切,对出口品质结构改善越有利。(4)市场规模(POP):用国家的人口总数来衡量国家的市场规模。一国的市场规模可能会对出口规模产生影响,因此在本书中加以控制。(5)外商直接投资(FDI):用外商直接投资的净流入占GDP的比重表示,一国外商直接投资的净流入增加时,可能会促进一国出口品质结构的改善。(6)双边地理距离(DIST):中国与贸易伙伴的地理距离,根据引力模型研究贸易与国际直接投资问题的文献,地理距离涉及运输成本问题,可能对不同行业、不同品质的产品贸易规模具有影响,因此,需要在回归分析中加以控制。(7)人均物质资本(CK):人均物质资本越多,代表一国的资本越丰富,其出口的产品品质结构越好,因此在本书中加以控制。

从世界银行WDI数据库得到贸易开放度、创新水平、外资水平和市场规模数据,人力资本指数和人均物质资本水平取自PWT9.0数据库,双边地理距离数据取自CEPII数据库。对上述其他变量的描述性统计在表7-5中列出。

表7-5　其他变量描述性统计

变量名称及单位	最小值	中位数	平均值	最大值
贸易开放度(%)	0.167	82.55	92.50	442.6
技术创新(个)	1	224	6880	368416
人力资本水平	1.098	2.550	2.481	3.734
市场规模(百万)	47971	9474511	25354825	255131116
外商直接投资(%)	0.000023	0.035612	0.070326	4.665622
双边地理距离(km)	955.7	8151.4	8931.7	19297.5
人均物质资本(百万美元)	705.8	29318.4	54156.7	432286.0

第三节　基准回归结果分析

一、对中国进口各品质档次贸易额的影响

首先考察伙伴国金融发展对中国进口各品质档次产品贸易额的直接影响,回归结果在表7-6中汇报。实证结果是对以13个金融发展指标为核心解释变量的综合汇报,包括各个变量的系数及其标准误差。第(1)至第(3)列分别是以高、中、低品质商品进口额为被解释变量的回归结果。如果把控制变量回归系数汇报出来,则表7-6中每一行都会扩展为一个汇报表格,占用篇幅过大且不方便在各项回归结果间进行比较,故仅汇报了金融发展变量的回归系数。

首先看金融发展对中国高品质产品进口额的影响,除了金融可获得性指标(AI.02,每10万名成年人拥有银行机构的数量)和两个金融稳定性指标(SI.03,银行资本占总资本比重;SI.05,银行监管资本占风险加权资

产的比重)外,大部分金融发展指标对中国高品质产品进口额都有显著的促进作用。这种促进作用在金融深化和金融效率方面是显著而且稳健的。再来看金融发展对中国中品质商品进口额的影响,在金融可获得性和金融深化的绝大多数指标上,金融发展都对中国中品质商品的进口额具有抑制作用。最后看对低品质产品进口额的影响,可以发现除了少数指标具有显著抑制作用以外,大部分指标是不显著的。

综合来看,伙伴国金融发展水平提高会促进其对华高品质产品的出口,而抑制中、低品质产品出口,这很可能导致在中国进口中,高品质产品金额占比随着伙伴国金融水平的提高而上升,或者说促进中国进口品质结构的升级。

表7-6　伙伴国金融发展对中国进口各品质档次产品贸易额的影响

变量及预期符号 (对高品质商品)	高品质进口额 (1)	中品质进口额 (2)	低品质进口额 (3)
AI.02	0.029	−0.546***	−0.266***
+	(0.092)	(−0.102)	(0.078)
DI.01	0.855***	−0.485***	−0.017
+	(0.108)	(0.122)	(0.094)
DI.02	0.911***	−0.654***	−0.212**
+	(0.122)	(−0.138)	(0.107)
DI.04	2.406***	−0.418	−0.616
+	(0.500)	(0.560)	(0.430)
DI.05	0.636***	−0.587***	−0.227**
+	(0.130)	(0.143)	(0.111)
DI.08	0.751***	−0.383***	−0.072
+	(0.116)	(0.129)	(0.100)
DI.10	0.514***	−0.355**	−0.143
+	(0.122)	(0.138)	(0.105)
DI.12	0.880***	−0.375***	0.018
+	(0.107)	(0.122)	(0.094)
DI.14	0.824***	−0.324***	−0.002
+	(0.101)	(0.116)	(0.089)

变量及预期符号 （对高品质商品）	高品质进口额 （1）	中品质进口额 （2）	低品质进口额 （3）
EM.01	0.244***	−0.007	−0.030
+	（0.056）	（0.069）	（0.052）
SI.03	−1.296***	0.279	0.027
+	（0.168）	（0.205）	（0.154）
SI.04	0.248*	−0.103	0.126
+	（0.130）	（0.143）	（0.109）
SI.05	−1.542***	0.439	−0.327
+	（0.249）	（0.300）	（0.223）

注：括号里是回归系数的标准误，***、**、*分别表示在1%、5%、10%的水平上显著；文中表格是对以13个金融发展指标为核心解释变量的综合汇报，包括回归系数及其标准误。其他变量回归结果基本符合理论预期，由于涉及其他变量回归结果较多，无法列出，结果备索。下文同。

银行资本占总资本比重、银行监管资本占风险加权资产的比重这两个指标衡量的是金融稳定性，变量增大均意味着金融稳定性增强，理论上对中国高品质产品进口贸易额的回归系数为正，但实际回归结果为负。可能是因为追求金融稳定性会限制银行对企业信贷投放规模的增长。图7-1用散点图简要展示了银行资本占总资产比重（SI.03）和存款银行私人信贷占GDP比重（DI.01）之间的关系。很明显，随着银行资本占总资产比重的上升，私人信贷规模呈下降趋势。另外，银行监管资本占风险加权资产比重和私人信贷之间也存在这种关系。由此可以解释两个金融发展指标符号与理论预期符号相反这一现象。

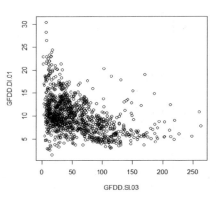

图7-1 银行资本占总资产比重和存款银行私人信贷占GDP比重关系

二、对中国进口品质贸易额结构的影响

上面的分析表明,伙伴国金融发展会促进其对华出口中高品质产品的金额提升,同时降低中、低品质产品的金额,这意味着中国进口品质的贸易额结构会得到改善。为检验这一点,本书进一步以各品质档次进口额占比作为被解释变量做了回归分析,并将结果在表7-7中予以总结。实证结果是对以13个金融发展指标为核心解释变量的综合汇报,包括各个变量的系数及其标准误。第(1)至第(3)列分别是以高、中、低品质商品进口额占比为被解释变量的回归结果。同样考虑到篇幅问题仅汇报了金融发展变量的回归系数。

不出意外,除了两个金融稳定性指标(SI.03,银行资本占总资本比重;SI.05,银行监管资本占风险加权资产的比重)外,其余金融发展指标对高品质产品贸易额占比都具有显著的促进作用。金融可获得性(AI.02)在表7-6中对高品质产品进口额没有显著影响,但由于显著降低了中、低品质产品进口额,对高品质产品进口额占比仍然产生了显著的促进作用。

再看中、低品质产品进口额占比受到的影响。对于中品质产品,大部分金融发展指标的回归系数都显著为负,说明随着伙伴国金融发展水平提高,对华出口的中等品质产品比重出现了下降。而对于低品质产品,在将近半数的金融发展指标上都存在正向影响。对比第(1)和第(3)两列系数大小可以看出,金融发展对高品质产品贸易额占比的促进作用远大于低品质商品。也就是说,伙伴国金融发展显著促进了其对华出口品质结构的提升。

表7-7　伙伴国金融发展对中国进口品质贸易额结构的影响

变量及预期符号 （对高品质商品）	高品质贸易额占比 （1）	中品质贸易额占比 （2）	低品质贸易额占比 （3）
AI.02 +	0.473*** （0.089）	−0.105* （0.059）	0.179*** （0.054）
DI.01 +	1.132*** （0.104）	−0.185*** （0.070）	0.269*** （0.067）
DI.02 +	1.301*** （0.118）	−0.232*** （0.079）	0.196** （0.076）
DI.04 +	2.659*** （0.490）	−0.048 （0.321）	−0.321 （0.308）
DI.05 +	0.950*** （0.127）	−0.251*** （0.082）	0.110 （0.080）
DI.08 +	0.911*** （0.114）	−0.199*** （0.074）	0.110 （0.072）
DI.10 +	0.775*** （0.120）	−0.061 0.078	0.134* （0.074）
DI.12 +	1.071*** （0.105）	−0.163** （0.070）	0.218*** （0.067）
DI.14 +	0.989*** （0.099）	−0.141** （0.066）	0.173*** （0.064）
EM.01 +	0.294*** （0.058）	0.051 （0.037）	0.028 （0.034）
SI.03 +	−1.267*** （0.158）	0.275** （0.117）	0.056 （0.106）
SI.04 +	0.376*** （0.129）	0.025 （0.082）	0.238*** （0.078）
SI.05 +	−1.575*** （0.232）	0.315* （0.172）	−0.360** （0.153）

注：括号里是回归系数的标准误，***、**、* 分别表示在1%、5%、10%的水平上显著。

三、对中国进口各品质档次产品种类数的影响

上面的回归结果表明伙伴国金融发展能够提升对华出口中高品质产品贸易额及其占比，对中国进口品质结构改善具有显著的促进作用。进口品质结构还可以用各品质档次产品种类数占比表示，本书称之为种类数结构（用各品质档次产品贸易额占比表示的称为贸易额结构）。那么，

伙伴国金融发展水平的提高是否能够促进其对华出口品质的种类数结构改善呢？我们将分两步进行检验，第一步从扩展边际的角度检验伙伴国金融发展水平其对华出口的各品质档次产品种类数的影响，第二步检验其对华出口品质种类数占比的影响。

表7-8给出了对中国进口各品质档次产品种类数的影响。回归结果是对以13个金融发展指标为核心解释变量的综合汇报，包括各个变量的系数及其标准误。第(1)至第(3)列分别是以中国高、中、低品质商品进口种类数为被解释变量的回归结果。同样考虑到篇幅问题仅汇报了金融发展变量的回归系数。

可以看到，除了两个金融稳定性指标(SI.03，银行资本占总资本比重；SI.05，银行监管资本占风险加权资产的比重)外，其余金融发展指标对三个品质档次的产品种类数都具有显著的促进作用，这间接说明金融发展有益于企业创新、增加企业数量，从而使一国市场上的产品种类增加，也会通过降低贸易成本使原本无法出口的产品进入出口市场。对比三列回归系数还可以发现，金融发展对于高品质产品种类的促进作用高于中等品质，而且在大部分金融发展指标上，对中品质产品种类数的促进作用高于低品质产品，这意味着从结构的角度看，金融发展可能有利于伙伴国对华出口品质种类数结构的改善。

表7-9　伙伴国金融发展对中国进口各品质档次产品种类数的影响

变量及预期符号 (对高品质商品)	高品质种类数	中品质种类数	低品质种类数
AI.02	0.359***	0.213***	0.248***
+	（0.047）	（0.040）	（0.039）
DI.01	0.733***	0.447***	0.342***
+	（0.055）	（0.046）	（0.047）
DI.02	0.783***	0.443***	0.296***
+	（0.063）	（0.053）	（0.054）
DI.04	1.955***	0.686***	0.684***
+	（0.264）	（0.218）	（0.217）

变量及预期符号 （对高品质商品）	高品质种类数	中品质种类数	低品质种类数
DI.05 +	0.630*** (0.068)	0.362*** (0.056)	0.216*** (0.057)
DI.08 +	0.599*** (0.061)	0.365*** (0.050)	0.240*** (0.051)
DI.10 +	0.487*** (0.065)	0.260*** (0.053)	0.109** (0.054)
DI.12 +	0.678*** (0.056)	0.413*** (0.046)	0.305*** (0.047)
DI.14 +	0.590*** (0.054)	0.345*** (0.044)	0.252*** (0.045)
EM.01 +	0.207*** (0.031)	0.196*** (0.024)	0.153*** (0.025)
SI.03 +	−0.751*** (0.084)	−0.585*** (0.075)	−0.301*** (0.077)
SI.04 +	0.245*** (0.070)	0.151*** (0.056)	0.179*** (0.056)
SI.05 +	−1.061*** (0.124)	−0.731*** (0.112)	−0.614*** (0.112)

注：括号里是回归系数的标准误，***、**、*分别表示在1%、5%、10%的水平上显著。

四、对中国进口品质种类数结构的影响

上文中从三个层面（中国进口高、中、低各品质档次产品贸易额、贸易额占比和种类数）检验了伙伴国金融发展对中国进口品质结构的影响，回归结果总体上符合理论预期，说明伙伴国金融发展会对中国进口品质结构具有促进作用。为了保证经验检验结果的可信度，进一步检验伙伴国金融发展对中国进口高、中、低各品质档次产品种类数占比的影响，结果在表7-10中给出。回归结果是对以13个金融发展指标为核心解释变量的综合汇报，包括各个变量的系数及其标准误。第(1)至第(3)列分别以中国高、中、低品质商品进口种类数占比为被解释变量的回归结果。同样考虑到篇幅问题，仅汇报了金融发展变量的回归系数。

　　结果表明,除上文提到的两个特殊变量以外,其余金融发展指标基本在1%的水平下显著且符合理论预期。由此可以得出如下结论,伙伴国金融发展水平的提高对中国高品质档次产品进口种类占比具有显著的促进作用。对中国进口中、低档次品质产品种类数占比具有明显的抑制作用,而且对低品质产品的抑制作用更强。充分说明随着伙伴国金融发展水平的提升,中国能从其进口相对更多份额高品质结构的产品。因此,从伙伴国金融发展对中国进口品质种类数结构角度分析,伙伴国金融发展对中国进口品质结构改善具有明显的促进作用。

表7-10　伙伴国金融发展对中国进口品质种类数结构的影响

变量及预期符号 （对高品质商品）	高品质种类数占比	中品质种类数占比	低品质种类数占比
AI.02 +	0.105*** （0.021）	−0.039* （0.020）	−0.006 （0.021）
DI.01 +	0.211*** （0.026）	−0.063** （0.025）	−0.175*** （0.025）
DI.02 +	0.256*** （0.030）	−0.067** （0.028）	−0.225*** （0.028）
DI.04 +	0.760*** （0.118）	−0.466*** （0.109）	−0.479*** （0.115）
DI.05 +	0.154*** （0.032）	−0.100*** （0.029）	−0.250*** （0.029）
DI.08 +	0.174*** （0.028）	−0.048* （0.026）	−0.179*** （0.026）
DI.10 +	0.253*** （0.029）	0.048* （0.028）	−0.116*** （0.028）
DI.12 +	0.197*** （0.026）	−0.056** （0.025）	−0.171*** （0.025）
DI.14 +	0.182*** （0.025）	−0.053** （0.023）	−0.151*** （0.023）
EM.01 +	−0.005 （0.014）	−0.011 （0.012）	−0.054*** （0.013）
SI.03 +	−0.116*** （0.042）	0.030 （0.038）	0.334*** （0.041）

变量及预期符号 （对高品质商品）	高品质种类数占比	中品质种类数占比	低品质种类数占比
SI.04 +	0.070** （0.032）	−0.017 （0.029）	0.005 （0.029）
SI.05 +	−0.270*** （0.060）	0.013 （0.057）	0.177*** （0.061）

注：括号里是回归系数的标准误，***、**、*分别表示在1%、5%、10%的水平上显著。

五、小结

本节利用CEPII提供的全球贸易特征数据库和BACI数据库计算中国从各贸易伙伴国进口的品质结构指标，包括中国进口各品质档次产品贸易额、中国进口品质贸易额结构、中国进口各品质档次产品种类数、中国进口品质种类数结构，用13个金融发展指标作为核心变量展开经验分析，检验伙伴国金融发展对中国进口品质结构的影响。研究发现，除了两个金融稳定性指标（SI.03，银行资本占总资本比重；SI.05，银行监管资本占风险加权资产的比重）外，大部分金融发展指标对中国高品质产品进口额都有显著的促进作用，同时抑制伙伴国对华中、低品质产品出口，从而促进了中国进口品质贸易额结构的改善。与此类似，除了两个金融稳定性指标（SI.03和SI.05）外，其余金融发展指标对三个品质档次的产品种类数都具有显著的促进作用，对高品质产品种类的促进作用高于中等品质，而且在大部分金融发展指标上，对中品质产品种类数的促进作用高于低品质产品，金融发展可能有利于伙伴国对华出口品质种类数结构的改善。

第四节 机制检验与拓展分析

一、机制检验

前面的经验分析表明，伙伴国金融发展能够提升对华出口品质结构。基于文献梳理，本书认为其作用是通过人力资本机制、技术创新机制和金融约束机制发挥作用的。为了对这几个影响机制进行检验，在回归分析中加入了金融发展指标与人力资本、技术创新和融资约束的交叉项,检验结果在表7-12中给出。由于进口品质结构的改善主要体现在高品质产品进口额占比和进口种类数占比的提高,且考虑到篇幅占用问题,表中仅汇报了以这两项为被解释变量的回归结果。

首先检验人力资本机制。此处人力资本指标在国家层面上衡量了人力资本水平,数据来自PWT数据库。人力资本水平较高的国家,企业生产高品质产品的能力更强。交叉项回归系数为正表明在金融市场发达的伙伴国,人力资本提升更能促进出口品质结构的提升。从表中第(1)列和第(4)列可以看出,除了两个金融稳定性指标(SI.03,银行资本占总资本比重;SI.05,银行监管资本占风险加权资产的比重)外,其余金融发展指标与人力资本交叉项的回归系数都是显著为正的。伙伴国金融市场的教育功能会随着其本身的完善而充分发挥,利用教育贷款提高受教育人的数量,并且通过多种人力资本投资方式加快人力资本的积累。因此可以得到结论,伙伴国金融发展能够通过人力资本积累效应促进中国进口高品质档次产品贸易额占比和种类数占比提升,最终促进中国进口品质结构优化。

然后检验技术创新机制。技术创新也是国家层面的变量,数据来自世界银行世界发展指标(WDI)数据库。技术创新能力较强的国家,企业具有较强的产品创新、技术创新和改进的能力,生产并出口高品质产品的能力更强。交叉项系数为正表明在金融市场发达的伙伴国,技术创新更能促进对华出口品质结构的上升。从表中第(2)列和第(5)列可以看出,除了两个金融稳定性指标(SI.03,银行资本占总资本比重;SI.05,银行监管资本占风险加权资产的比重)外,其余金融发展指标与技术创新交叉项的回归系数都是显著为正的。伙伴国金融市场不断完善时,金融市场能满足企业创新所需资金,促进企业的创新,缩小与世界前沿技术的差距,提高产品的技术含量;同时,伙伴国完善的金融发展能解决企业和银行的信息不对称问题,更好地为企业提供资金,降低企业融资的门槛,促进国家整体技术水平的提升。因此可以得到结论,伙伴国金融发展能够通过技术创新效应促进中国进口高品质档次产品贸易额占比和种类数占比提升,最终促进中国进口品质结构优化。

最后检验融资约束机制。融资指标是在行业层面上计算的,交互项回归系数为正表明,对于融资依赖度较高的行业,伙伴国金融发展对促进其对华出口品质结构提升的效果也较强。从表中第(3)列和第(6)列可以看出,所有的金融发展指标与技术创新交叉项的回归系数都是显著为正的。如果行业具有高度融资依赖性质,金融发展水平不足时,企业更容易受到融资约束的制约,在产品开发和技术改进方面遭遇瓶颈,因此金融发展会促使金融资源流向这些收益率较高的产业,降低其融资约束,促进生产扩大和研发投入,从而有效促进产业规模增长和出口,最终实现出口结构的优化。这反映在中国的进口上,则表现为从金融发展水平较高的伙伴国进口的品质结构更优。

表7-11　影响机制检验

变量及预期符号	高品质产品进口额占比			高品质产品进口种类数占比		
	人力资本（1）	技术创新（2）	融资约束（3）	人力资本（4）	技术创新（5）	融资约束（6）
AI.02*X +	0.503*** (0.090)	0.064*** (0.015)	0.134*** (0.009)	0.124*** (0.022)	0.019*** (0.004)	0.068*** (0.003)
DI.01*X +	1.032*** (0.100)	0.144*** (0.017)	0.111*** (0.006)	0.195*** (0.025)	0.029*** (0.004)	0.053*** (0.002)
DI.02*X +	1.179*** (0.111)	0.180*** (0.019)	0.106*** (0.006)	0.241*** (0.028)	0.038*** (0.005)	0.051*** (0.002)
DI.04*X +	3.944*** (0.561)	0.804*** (0.116)	0.093*** (0.006)	1.110*** (0.134)	0.210*** (0.028)	0.045*** (0.002)
DI.05*X +	0.872*** (0.119)	0.120*** (0.020)	0.109*** (0.006)	0.147*** (0.030)	0.027*** (0.005)	0.052*** (0.002)
DI.08*X +	0.824*** (0.107)	0.119*** (0.018)	0.115*** (0.007)	0.170*** (0.027)	0.030*** (0.004)	0.054*** (0.002)
DI.10*X +	0.795*** (0.112)	0.119*** (0.019)	0.308*** (0.037)	0.246*** (0.027)	0.036*** (0.005)	0.157*** (0.014)

变量及预期符号	高品质产品进口额占比			高品质产品进口种类数占比		
	人力资本（1）	技术创新（2）	融资约束（3）	人力资本（4）	技术创新（5）	融资约束（6）
DI.12*X +	0.968*** (0.100)	0.134*** (0.016)	0.110*** (0.006)	0.180*** (0.025)	0.027*** (0.004)	0.053*** (0.002)
DI.14*X +	0.855*** (0.093)	0.123*** (0.015)	0.109*** (0.006)	0.162*** (0.023)	0.025*** (0.004)	0.052*** (0.002)
EM.01*X +	0.282*** (0.056)	0.046*** (0.010)	0.124*** (0.007)	−0.004 (0.014)	0.00002 (0.002)	0.059*** (0.002)
SI.03*X +	−1.240** *(0.145)	−0.173*** (0.024)	0.218*** (0.013)	−0.113*** (0.038)	−0.018*** (0.006)	0.103*** (0.005)
SI.04*X +	0.335** (0.131)	0.048** (0.022)	0.092*** (0.006)	0.052 (0.032)	0.005 (0.005)	0.043*** (0.002)
SI.05*X +	−1.404*** (0.227)	−0.230*** (0.042)	0.178*** (0.010)	−0.243*** (0.059)	−0.040*** (0.011)	0.085*** (0.004)

注:括号里是回归系数的标准误,***、**、* 分别表示在1%、5%、10%的水平上显著

二、拓展分析

(一)按产品用途的分类检验

联合国统计署的广义经济分类(BEC)按照商品的主要最终用途将产品分为资本品、中间品和消费品。表7-12至表7-14分别针对伙伴国对华出口的这三类商品品质结构进行了检验,考察伙伴国金融发展的影响。和前面的机制分析一样,仅以高品质产品进口贸易额占比和种类数占比作为被解释变量,回归结果是对以13个金融发展指标为核心解释变量的综合汇报,包括各个变量的系数及其标准误。考虑到篇幅问题仅汇报了金融发展变量与技术创新、人力资本的交互项的回归系数。从回归结果中可以看到,除了两个金融稳定性指标(SI.03,银行资本占总资本比重;SI.05,银行监管资本占风险加权资产的比重)外,其余金融发展指标与技术创新交叉项的回归系数基本都是显著为正的,说明总体样本中所发现的影响机制在分类回归中仍然是成立的,金融发展能够放大人力资本与

技术创新对伙伴国出口品质结构提升的作用。

表7-12 资本品进口品质结构机制检验

变量及预期符号	技术创新机制		人力资本机制	
	进口贸易额占比	进口种类数占比	进口贸易额占比	进口种类数占比
AI.02*X	0.129***	0.024***	0.874***	0.167***
+	(0.022)	(0.005)	(0.133)	(0.032)
DI.01*X	0.165***	0.014**	1.227***	0.140***
+	(0.025)	(0.006)	(0.156)	(0.039)
DI.02*X	0.239***	0.022***	1.558***	0.192***
+	(0.028)	(0.007)	(0.172)	(0.043)
DI.04*X	0.564***	0.111**	3.081***	0.964***
+	(0.187)	(0.045)	(1.052)	(0.253)
DI.05*X	0.184***	0.008	1.327***	0.045
+	(0.029)	(0.007)	(0.186)	(0.046)
DI.08*X	0.166***	0.012*	1.107***	0.067
+	(0.027)	(0.007)	(0.170)	(0.042)
DI.10*X	0.177***	0.018**	1.291***	0.207***
+	(0.029)	(0.007)	(0.178)	(0.043)
DI.12*X	0.147***	0.012**	1.097***	0.134***
+	(0.024)	(0.006)	(0.154)	(0.038)
DI.14*X	0.124***	0.008	0.866***	0.090**
+	(0.023)	(0.006)	(0.144)	(0.035)
EM.01*X	0.085***	0.002	0.498***	0.029
+	(0.016)	(0.004)	(0.093)	(0.021)
SI.03*X	−0.150***	0.015	−0.939***	0.139**
+	(0.038)	(0.009)	(0.238)	(0.060)
SI.04*X	0.007	0.005	0.324	0.128***
+	(0.033)	(0.008)	(0.200)	(0.048)
SI.05*X	−0.056	0.031*	−0.394	0.184**
+	(0.069)	(0.017)	(0.382)	(0.093)

注:括号里是回归系数的标准误,***、**、*分别表示在1%、5%、10%的水平上显著

表7-13　技术创新机制检验——中间品

变量及预期符号	技术创新机制		人力资本机制	
	进口贸易额占比	进口种类数占比	进口贸易额占比	进口种类数占比
AI.02*X	0.050***	0.012***	0.387***	0.066***
+	(0.015)	(0.004)	(0.092)	(0.023)
DI.01*X	0.146***	0.026***	0.968***	0.118***
+	(0.017)	(0.004)	(0.104)	(0.026)
DI.02*X	0.178***	0.035***	1.078***	0.162***
+	(0.019)	(0.005)	(0.115)	(0.029)
DI.04*X	0.822***	0.130***	3.642***	0.394***
+	(0.119)	(0.029)	(0.576)	(0.142)
DI.05*X	0.117***	0.024***	0.796***	0.066**
+	(0.020)	(0.005)	(0.121)	(0.030)
DI.08*X	0.122***	0.024***	0.783***	0.070**
+	(0.018)	(0.004)	(0.110)	(0.028)
DI.10*X	0.124***	0.031***	0.766***	0.202***
+	(0.019)	(0.005)	(0.115)	(0.028)
DI.12*X	0.138***	0.025***	0.922***	0.114***
+	(0.016)	(0.004)	(0.103)	(0.026)
DI.14*X	0.127***	0.024***	0.808***	0.104***
+	(0.016)	(0.004)	(0.095)	(0.024)
EM.01*X	0.051***	0.004*	0.283***	−0.010
+	(0.009)	(0.002)	(0.056)	(0.013)
SI.03*X	−0.170***	−0.026***	−1.270***	−0.148***
+	(0.024)	(0.007)	(0.149)	(0.041)
SI.04*X	0.049**	0.006	0.300**	0.076**
+	(0.022)	(0.005)	(0.133)	(0.033)
SI.05*X	−0.247***	−0.037***	−1.504***	−0.222***
+	(0.044)	(0.012)	(0.237)	(0.065)

注:括号里是回归系数的标准误,***、**、*分别表示在1%、5%、10%的水平上显著

表7-14 技术创新机制检验——消费品

变量及预期 符号	技术创新机制		人力资本机制	
	进口贸易额 占比	进口种类数 占比	进口贸易额 占比	进口种类数 占比
AI.02*X	0.137***	0.027***	1.074***	0.181***
+	(0.020)	(0.006)	(0.122)	(0.038)
DI.01*X	0.217***	0.038***	1.760***	0.246***
+	(0.023)	(0.007)	(0.138)	(0.045)
DI.02*X	0.273***	0.048***	2.020***	0.298***
+	(0.026)	(0.008)	(0.154)	(0.050)
DI.04*X	0.641***	0.232***	4.308***	1.346***
+	(0.174)	(0.052)	(0.908)	(0.274)
DI.05*X	0.207***	0.038***	1.660***	0.229***
+	(0.027)	(0.008)	(0.168)	(0.053)
DI.08*X	0.166***	0.038***	1.353***	0.244***
+	(0.025)	(0.008)	(0.155)	(0.048)
DI.10*X	0.166***	0.041***	1.254***	0.258***
+	(0.027)	(0.008)	(0.162)	(0.050)
DI.12*X	0.188***	0.034***	1.591***	0.218***
+	(0.022)	(0.007)	(0.138)	(0.044)
DI.14*X	0.168***	0.031***	1.357***	0.218***
+	(0.021)	(0.007)	(0.130)	(0.044)
EM.01*X	0.057***	−0.003	0.408***	−0.015
+	(0.014)	(0.004)	(0.083)	(0.024)
SI.03*X	−0.207***	−0.018*	−1.550***	−0.114
+	(0.035)	(0.011)	(0.215)	(0.069)
SI.04*X	0.075**	0.004	0.691***	0.032
+	(0.031)	(0.009)	(0.186)	(0.056)
SI.05*X	−0.298***	−0.066***	−1.996***	−0.413***
+	(0.063)	(0.020)	(0.347)	(0.110)

注:括号里是回归系数的标准误,***、**、* 分别表示在1%、5%、10%的水平上显著

（二）"一带一路"与非"一带一路"国家分组检验

"一带一路"旨在积极发展与沿线国家的经济合作关系。中国商务部数据显示,2018年中国与"一带一路"沿线国家的贸易额达1.3万亿美元,同比增长16.3%。其中,中国对相关国家进口商品额为5630亿美元,同比增长23.9%。可以说,与"一带一路"沿线国家的贸易对中国愈发重要。前面的理论与经验研究表明,伙伴国金融发展水平提高能够促进其对华出口品质结构的优化。"一带一路"沿线国家以发展中国家为主,这些国家往往金融发展水平较低。那么这种影响在"一带一路"沿线国家样本中是否也存在,或者是促进"一带一路"沿线国家金融发展水平提高是否对于优化中国进口品质结构具有重要的作用呢? 为回答这一问题,本书按"一带一路"和非"一带一路"地区进行国家分组检验。包含交互项的回归结果在表7-15和表7-16中予以总结,不包含交互项的回归结果在附表7-1和附表7-2中给出。

从回归结果中可以得到两个基本结论。一是除了两个金融稳定性指标(SI.03,银行资本占总资本比重;SI.05,银行监管资本占风险加权资产的比重)以外,大部分金融发展指标与人力资本、技术创新的交互项对"一带一路"沿线国家的对华出口品质结构具有显著的促进作用,无论用贸易额结构还是种类数结构来衡量都是如此,二是对比"一带一路"沿线国家样本和非沿线国家样本回归结果可以看到,非"一带一路"沿线国家样本的回归系数大小和显著度水平往往小于沿线国家,说明金融发展对伙伴国对华出口品质结构的促进作用在"一带一路"沿线国家更强,促进这些国家的金融发展对于优化中国进口品质结构能够起到更好的效果。

表7-15 "一带一路"与非"一带一路"分组检验:贸易额结构

变量及预期符号	"一带一路"沿线国家		非"一带一路"沿线国家	
	人力资本机制	技术创新机制	人力资本机制	技术创新机制
AI.02	0.543***	0.050**	0.343**	0.067***
+	(0.126)	(0.021)	(0.136)	(0.023)
DI.01	1.503***	0.233***	0.594***	0.083***
+	(0.168)	(0.033)	(0.140)	(0.022)
DI.02	1.718***	0.285***	0.532***	0.093***
+	(0.175)	(0.035)	(0.171)	(0.027)
DI.04	7.677***	1.089***	1.930***	0.509***
+	(0.963)	(0.178)	(0.651)	(0.158)
DI.05	1.522***	0.248***	−0.075	0.009
+	(0.181)	(0.038)	(0.167)	(0.024)
DI.08	1.310***	0.198***	−0.168	0.003
+	(0.150)	(0.030)	(0.172)	(0.025)
DI.10	1.042***	0.126***	0.173	0.044
+	(0.171)	(0.034)	(0.198)	(0.033)
DI.12	1.390***	0.214***	0.607***	0.085***
+	(0.175)	(0.033)	(0.137)	(0.021)
DI.14	0.949***	0.156***	0.663***	0.088***
+	(0.148)	(0.029)	(0.144)	(0.022)
EM.01	0.146*	0.031**	0.294***	0.057***
+	(0.075)	(0.013)	(0.085)	(0.015)
SI.03	−1.961***	−0.291***	−0.658***	−0.105***
+	(0.245)	(0.046)	(0.202)	(0.033)
SI.04	−0.179	−0.011	0.994***	0.107***
+	(0.214)	(0.038)	(0.174)	(0.027)
SI.05	−1.872***	−0.304***	−0.649*	−0.128**
+	(0.299)	(0.060)	(0.379)	(0.063)

注:括号里是回归系数的标准误,***、**、* 分别表示在1%、5%、10%的水平上显著

表7-16 "一带一路"与非"一带一路"分组检验:种类数结构

变量及预期符号	"一带一路"沿线国家		非"一带一路"沿线国家	
	人力资本机制	技术创新机制	人力资本机制	技术创新机制
AI.02	0.165***	0.020***	0.026	0.013**
+	(0.029)	(0.005)	(0.034)	(0.006)
DI.01	0.326***	0.054***	0.097***	0.018***
+	(0.043)	(0.008)	(0.034)	(0.005)
DI.02	0.380***	0.067***	0.102**	0.021***
+	(0.045)	(0.009)	(0.041)	(0.006)
DI.04	2.112***	0.295***	0.559***	0.101***
+	(0.238)	(0.044)	(0.141)	(0.035)
DI.05	0.271***	0.048***	−0.016	0.011*
+	(0.047)	(0.010)	(0.040)	(0.006)
DI.08	0.315***	0.051***	−0.082*	0.005
+	(0.038)	(0.007)	(0.042)	(0.006)
DI.10	0.345***	0.055***	0.130***	0.014*
+	(0.041)	(0.008)	(0.048)	(0.008)
DI.12	0.319***	0.052***	0.083**	0.017***
+	(0.044)	(0.008)	(0.034)	(0.005)
DI.14	0.236***	0.041***	0.082**	0.017***
+	(0.037)	(0.007)	(0.035)	(0.005)
EM.01	−0.049**	−0.008**	0.025	0.008**
+	(0.019)	(0.003)	(0.019)	(0.003)
SI.03	−0.256***	−0.035***	−0.029	−0.012
+	(0.066)	(0.012)	(0.049)	(0.008)
SI.04	−0.089*	−0.010	0.229***	0.021***
+	(0.053)	(0.010)	(0.042)	(0.007)
SI.05	−0.315***	−0.049***	−0.217**	−0.040**
+	(0.078)	(0.015)	(0.094)	(0.016)

注:括号里是回归系数的标准误,***、**、*分别表示在1%、5%、10%的水平上显著

三、小结

本节在回归分析中加入了金融发展指标与人力资本、技术创新和融资约束的交叉项,检验了伙伴国金融发展促进中国进口品质结构提升的机制,并进行了拓展分析。发现:(1)伙伴国金融发展能够通过人力资本积累效应、技术创新效应和融资约束缓解效应三种途径,促进中国进口高品质档次产品贸易额占比和种类数占比提升,最终促进中国进口品质结构优化;(2)无论是资本品、中间品和消费品,伙伴国金融发展促进中国进口品质结构优化的效应都是存在的,相关机制检验通过;(3)与"一带一路"沿线国家的贸易对中国愈发重要,按"一带一路"和非"一带一路"地区进行的国家分组检验结果表明,在两组样本中,伙伴国金融发展对提升中国进口品质结构都有显著的作用,但在"一带一路"国家样本中作用更强,促进这些国家的金融发展对于优化中国进口品质结构能够起到更好的效果。

第五节　本章小结

金融发展与对跨国公司的国际生产分割活动具有重要的影响。金融发展水平较高、金融结构较优的国家,能够承接更多高附加值生产环节,出口中高品质产品占比也应该更高。本章基于中国进口的视角研究金融发展对出口品质结构的影响,检验伙伴国金融发展水平是否有助于提高其对华出口的品质结构水平。本章利用CEPII提供的全球贸易特征数据库和BACI数据库计算中国从各贸易伙伴国进口的品质结构指标,包括中国进口各品质档次产品贸易额、中国进口品质贸易额结构、中国进口各品质档次产品种类数、中国进口品质种类数结构,用13个金融发展指标作为核心变量展开经验分析,检验伙伴国金融发展对中国进口品质结构的影响。研究发现,除了两个金融稳定性指标(SI.03,银行资本占总资本比重;SI.05,银行监管资本占风险加权资产的比重)外,大部分金融发展指标对中国高品质产品进口额都有显著的促进作用,同时抑制伙伴国对华中、低品质产品出口,从而促进了中国进口品质贸易额结构的改善。与此类似,除了两个金融稳定性指标(SI.03和SI.05)外,其余金融发展指标对三个品质档次的产品种类数都具有显著的促进作用,对高品质产品种类的促进作用高于中等品质,而且在大部分金融发展指标上,对中品质产品种类数的促进作用高于低品质产品,金融发展可能有利于伙伴国对华出口品质种类数结构的改善。

从国家层面来讲,通过加入伙伴国金融发展与技术创新、人力资本的交叉项,进一步考察了伙伴国金融发展对中国进口品质结构的作用机制,发现伙伴国金融发展对中国进口品质结构的改善效应,主要通过促进伙伴国技术创新和人力资本两种途径发生作用。从行业层面来讲,通过加入伙伴国金融发展与行业融资依赖度值进行实证检验,发现伙伴国金融发展与融资依赖度的交互作用对中国进口结构的提升作用都十分明显。因此,企业融资成本会随完善的金融市场而降低,实现资金的最优配置,满足企业所需投资资金,进一步提高企业的出口品质,即伙伴国金融发展水平的提升有利于中国进口品质结构的改善。

本章做了两项拓展性分析。一是按照产品最终用途进行分类检验,发现无论是资本品、中间品和消费品,伙伴国金融发展促进中国进口品质结构优化的效应都是存在的,相关机制检验通过。二是在与"一带一路"沿线国家的贸易对中国愈发重要的背景下,按"一带一路"和非"一带一路"地区进行的国家分组检验结果表明,在两组样本中,伙伴国金融发展对提升中国进口品质结构都有显著的作用,但在"一带一路"国家样本中作用更强,促进这些国家的金融发展对于优化中国进口品质结构能够起到更好的效果。

附表7-1

"一带一路"伙伴国金融发展对中国进口品质结构的影响

变量及预期符号	进口贸易额	贸易额占比	进口种类数	种类数占比
AI.02	0.467***	0.592***	0.579***	0.181***
+	(0.132)	(0.137)	(0.070)	(0.032)
DI.01	0.952***	1.483***	0.771***	0.316***
+	(0.166)	(0.165)	(0.093)	(0.042)
DI.02	1.210***	1.731***	0.943***	0.374***
+	(0.178)	(0.177)	(0.099)	(0.045)
DI.04	7.552***	7.061***	4.909***	1.999***
+	(0.909)	(0.936)	(0.500)	(0.230)
DI.05	1.179***	1.534***	0.864***	0.267***
+	(0.187)	(0.190)	(0.106)	(0.049)
DI.08	1.111***	1.287***	0.803***	0.305***
+	(0.150)	(0.154)	(0.084)	(0.039)
DI.10	0.469**	0.938***	0.686***	0.338***
+	(0.186)	(0.191)	(0.103)	(0.046)
DI.12	0.853***	1.361***	0.704***	0.303***
+	(0.171)	(0.171)	(0.096)	(0.043)
DI.14	0.646***	1.057***	0.527***	0.254***
+	(0.151)	(0.152)	(0.086)	(0.038)
EM.01	0.230***	0.150*	0.164***	−0.058***
+	(0.073)	(0.079)	(0.045)	(0.021)
SI.03	−1.737***	−1.941***	−1.135***	−0.250***
+	(0.260)	(0.255)	(0.146)	(0.069)
SI.04	−0.426**	−0.012	−0.209*	−0.047
+	(0.195)	(0.206)	(0.114)	(0.051)
SI.05	−1.693***	−2.032***	−1.192***	−0.338***
+	(0.317)	(0.308)	(0.177)	(0.080)

注:括号里是回归系数的标准误,***、**、*分别表示在1%、5%、10%的水平上显著;表格是对以13个金融发展指标为核心解释变量的综合汇报,包括回归系数及其标准误。

附表7-2

非"一带一路"伙伴国金融发展对中国进口品质结构的影响

变量及预期符号	进口贸易额	贸易额占比	进口种类数	种类数占比
AI.02	0.116	0.451***	0.303***	0.025
+	(0.117)	(0.124)	(0.063)	(0.031)
DI.01	0.380***	0.793***	0.585***	0.129***
+	(0.139)	(0.147)	(0.072)	(0.036)
DI.02	0.135	0.745***	0.426***	0.124***
+	(0.171)	(0.182)	(0.092)	(0.044)
DI.04	1.285**	1.058**	1.078***	0.339***
+	(0.504)	(0.534)	(0.274)	(0.116)
DI.05	−0.297*	0.037	0.209**	−0.003
+	(0.166)	(0.181)	(0.091)	(0.044)
DI.08	−0.063	−0.013	0.148	−0.087**
+	(0.169)	(0.184)	(0.093)	(0.044)
DI.10	−0.653***	0.340*	−0.017	0.162***
+	(0.175)	(0.191)	(0.098)	(0.046)
DI.12	0.470***	0.801***	0.520***	0.116***
+	(0.136)	(0.144)	(0.071)	(0.036)
DI.14	0.519***	0.873***	0.494***	0.109***
+	(0.140)	(0.149)	(0.075)	(0.037)
EM.01	0.160*	0.339***	0.149***	0.034*
+	(0.082)	(0.088)	(0.041)	(0.019)
SI.03	−0.364*	−0.574***	−0.365***	−0.007
+	(0.204)	(0.221)	(0.098)	(0.054)
SI.04	0.697***	1.081***	0.676***	0.268***
+	(0.167)	(0.177)	(0.088)	(0.043)
SI.05	−1.152***	−0.891**	−0.972***	−0.250***
+	(0.345)	(0.378)	(0.163)	(0.094)

注:括号里是回归系数的标准误,***、**、*分别表示在1%、5%、10%的水平上显著;表格是对以13个金融发展指标为核心解释变量的综合汇报,包括回归系数及其标准误。

第八章
主要结论与政策建议

一、主要结论

跨国公司的国际生产分割是微观市场主体在全球范围布局生产网络的具体体现,而全球价值链分工这是这一微观主体行为在宏观上的结果或者呈现。本书基于金融发展与融资约束视角研究跨国公司的国际生产分割问题,得出了以下几点主要结论。

（一）金融发展与融资约束是影响跨国公司国际生产分割的重要因素

跨国公司国际生产分割受到生产的规模经济性质和国家间成本差异的双重影响。企业在跨国经营中,在生产过程可以分割的条件下,倾向于将特定生产环节安排至少数地点,避免在不同的东道国从事相同产品或环节的生产,以便于充分利用规模经济带来的好处。在生产的区位选择上则需要充分考虑国家间的生产成本差异,以便于在成本最低的地方开展生产活动。国家间的金融发展差异主要通过影响国家间成本差异影响跨国公司的国际生产分割活动。不仅不同的行业存在外部融资依赖度的差异,而且同一产品不同的生产环节,其外部融资依赖度也是不同的。而金融发展能够降低企业融资约束,从而为经济活动扩张提供外部条件。因此,在其他条件相同的情况下,金融发展水平较高的国家在外部融资依赖度较高的行业或生产环节上更具有优势,跨国公司也会倾向于将高外部融资依赖度的行业或生产环节(同时也是附加值较高的行业或生产环节)安排到金融发展水平较高的国家。

（二）金融规模与金融效率对跨国公司国际生产分割的影响存在差异

在过去几十年中，很多国家将货币扩张作为刺激经济的重要手段，货币规模的扩张与产业发展之间存在脱钩现象，这对降低高融资依赖度行业的融资成本和改善风险分担可能并没有明显效果。相对于货币规模，金融市场效率对跨国公司的国际生产分割具有更重要的影响。基于跨国面板数据的经验研究发现，金融规模对后向垂直专业化比率具有显著的正向影响，说明单纯的金融规模扩大不利于一国承接更多、更高附加值的生产环节。相反，金融效率对后向垂直专业化比率具有显著负向影响。进一步研究发现，银行效率和资本市场效率对垂直专业化比率的影响存在差异。一方面，随着一国银行经营效率的提升，后垂直专业化比例显著下降；另一方面，在国家层面上用换手率衡量的资本市场效率则没有显著的影响。深入行业层面的研究表明，资本市场效率对大部分行业的后向垂直专业化比率都有显著的负向影响。总之，单纯的金融规模扩大不利于一国承接高附加值生产环节，金融效率提高则有利于承接高附加值生产环节。扩展分析还发现，金融效率提升对于前向垂直专业化具有促进作用，这意味着随着金融效率提升，一国作为核心零部件供给者的地位会上升，而作为核心零部件进口者的地位会相对下降，从而提升全球价值链地位。

（三）金融结构优化有助于一国承接更多高附加值生产环节

金融市场有两个重要组成部分，以银行为主导的信贷市场和以市场为主导的证券市场。前者以银行作为金融中介连接资金供需双方，属于间接金融。后者直接连接资金供求双方，属于直接金融。本书所指的宏观金融结构即直接金融和间接金融的相对规模。两类金融的运行机制不同，对企业融资成本和风险分散的影响也不同，从而在行业或者国家层面上影响承接高附加值环节的能力，对跨国公司国际生产分割布局发生作用。具体来讲，资本市场运行机制有助于缓解投资者和融资者之间的信息不对称,克服融资过程中的逆向选择和道德风险问题,通过合理定价降低企业的融资成本,可以更好地缓解企业融资约束。高附加值出口产业一般为技术密集型或资本密集型产业,对外部资金需求依赖度较高。直接金融发展有利于引导金融资源向技术密集型或资本密集型的高价值产业配置。资本市场能够为企业提供稳定可靠的研发资金,有利于企业创新活动,为长期研发提供资金保障,能够通过市场配置功能和价值发现功能甄别具有发展潜力的企业,规避委托代理造成的资金使用效率低问题,引导资金持续投入投资回报率高、附加值高的行业,通过激励创新持续提高这些行业的技术水平。从微观上看,直接金融相对发展水平提高能够提升企业承接高附加值生产环节的能力,并通过持续不断的创新能力提升保持技术优势,甚至主导国际生产分割。从宏观上看,市场主导型金融体系能够让一国承接更多高价值生产环节,其出口中的外国增加值占比降低,后向垂直专业化比率下降。国家层面的面板数据回归结果表明,随着一国金融结构的改善,其后向垂直专业化比例显著下降,出口中的外国增加值比例降低。进一步采用分行业回归发现,在融资约束较高的行业上,金融结构改善对于降低后向垂直专业化比率的作用更明显。

(四)全球价值链嵌入能够缓解中国企业融资约束

跨国公司通过国际生产分割构建全球生产网络,在宏观上推动了全球价值链分工模式的形成和发展,是全球价值链分工的主导者。大量企业通过嵌入全球价值链参与到全球生产网络之中。国家层面上的金融发展水平和行业层面的融资约束水平会影响跨国公司的国际生产分割活动。而跨国公司主导全球生产分割、将众多企业嵌入全球价值链的基础能力之一就是为被嵌入企业提供技术与资金,使后者获得参与全球价值链体系的能力。在这个过程中,跨国公司能够通过贸易融资、直接投资等方式缓解被嵌入企业的融资约束。本书梳理了嵌入全球价值链影响企业融资约束的理论机制,并利用中国微观企业数据进行检验。发现中国企业嵌入全球价值链和引入外商直接投资都可以缓解自身融资约束,而且这两种方式之间存在替代关系,通过PSM方法弱化内生性问题之后,上述结论依旧稳健。上述效应对不同所有制、不同地区企业的作用存在差异,东部地区无论国有企业还是民营企业,上述效应都明显存在。而在市场化程度和开放度较低的中西部地区,上述结论对民营企业是基本成立的,而对于国有企业则较弱。

（五）伙伴国金融发展水平提高能够促进中国进口品质结构优化

金融发展与对跨国公司的国际生产分割活动具有重要的影响。金融发展水平较高、金融结构较优的国家,能够承接更多高附加值生产环节,出口中高品质产品占比也应该更高。本书基于中国进口的视角研究金融发展对出口品质结构的影响,检验伙伴国金融发展水平是否有助于提高其对华出口的品质结构水平。利用BACI数据库计算中国的贸易伙伴国在2003—2014年对华出口品质结构指标进行经验研究,发现伙伴国金融发展对中国进口品质结构改善有显著的正向影响,这种影响是金融发展通过缓解伙伴国企业面临的融资约束、促进技术创新和人力资本积累实现的。将中国进口产品按照最终用途划分为资本品、中间品和消费品分别进行回归分析后发现,伙伴国金融发展对中国进口的各大类商品品质结构改善有显著的正向影响。按照"一带一路"沿线国家与非沿线国家进行分组检验还发现,上述效应在"一带一路"国家样本中更强。

二、政策建议

本书的研究结论具有很强的政策含义,在国际生产分割和全球价值链分工的背景下,促进金融发展、提高金融效率、优化金融结构对于中国企业承接更多高价值生产环节、加大创新投入、加速向全球价值链高端环节攀升、在关键产业和关键环节实现全球价值链主导具有重要意义。本书研究的政策建议如下。

（一）提高金融效率

首先要加快完善金融基础设施,保障金融稳定运行。广义的金融基础设施包括金融市场硬件设施以及金融法律法规、会计制度、信息披露原则、社会信用环境等制度安排。改革开放以来,中国金融业发展取得了长足进步,但金融供给侧仍然存在结构性短板,其中金融基础设施的发展速度、改革深度都明显滞后于现代化金融机构与金融市场建设,需要多管齐下加大建设力度。其次要深化金融对内对外开放,完善现代金融企业制度,提升国有金融机构治理水平,放宽民间资本和外资进入金融服务领域的限制,发展普惠金融,鼓励金融产品和工具创新,不断扩大金融服务的覆盖面和渗透率等。最后要稳步推进金融市场化改革,使市场在金融资源配置中起决定性作用。利率和汇率作为要素市场的重要价格,是有效配置金融资源的决定性因素。稳步推进汇率和利率市场化改革,有利于不断优化资金配置效率。

(二)优化金融结构

优化金融结构的关键是提高直接融资比重,大力发展股票市场、债券市场等资本市场,拓宽企业直接融资渠道,优化社会融资结构。中国的股票市场、企业债券市场以及私募股权投资市场都是在20世纪90年代前后逐步建立的,缺乏成熟的规范管理经验。尽管股票市场和企业债券市场已经达到一定的规模,成为世界第二大市场,但是与间接融资相比,中国金融体系中直接融资特别是股权融资的占比仍然偏低,根据中国人民银行公布的社会融资数据显示,2020年末虽然包括债券在内的直接融资在社会融资中的比重已经接近30%,但其中仅有2.9%为非金融企业境内股票余额。优化金融结构、提高直接融资比重需要深化资本市场改革开放,进一步加快注册制改革步伐,加快健全多层次资本市场,做好配套制度的建设。

(三)为企业融入全球价值链和引进外资创造更好的制度环境

中国是全球价值链分工的重要参与者、贡献者和受益者。无论是通过参与全球价值链获取产品内专业化分工收益、缓解融资约束,还是加强在研发、设计、销售、品牌和售后等环节的优势积累,实现向全球价值链两端延伸,有利于企业融入全球价值链和引进外资的制度环境都至关重要。

首先要坚持高水平对外开放,推动贸易和投资的自由化、便利化,进一步放宽外资市场准入。其次要不断提升制度质量,如加强知识产权保护、完善外资保护制度体系、提高司法体系效率等。再次要优化营商环境,对标国际先进水平,加强市场主体平等保护,持续深化"放管服"改革,打造公平、公开、透明、高效的政府运行体系,着力提升政务服务能力和水平。最后要深度参与全球经济治理,包括维护和完善多边经济治理机制,进一步推动区域和双边自由贸易协定等。

(四)积极推进与高金融发展水平国家的区域贸易与投资协定

伙伴国金融发展能对中国进口品质结构改善产生积极的影响,积极推进与高金融发展水平经济体的区域贸易与投资协定,与这些经济体保持密切的贸易伙伴关系有助于中国企业更好地融入国际生产体系,放大参与产品内分工的静态和动态收益。同时,也要进一步提升贸易投资的金融服务质效,鼓励引导金融机构按照市场化原则和商业可持续性原则,创新金融产品和服务,加大对外贸企业的信贷支持力度,支持符合条件的外贸企业拓宽直接融资渠道。鉴于伙伴国金融发展对促进中国进口品质结构提升的效应在"一带一路"沿线国家更为显著,但沿线国家多为发展中国家,金融发展水平较低,在推进"一带一路"建设过程中,可以通过各种贸易与投资协定,促进该地区金融基础设施建设,为沿线国家金融发展创造条件。

参考文献

1.包群,阳佳余.金融发展影响了中国工业制成品出口的比较优势吗[J].世界经济,2008(03):21-33.

2.陈清萍,鲍晓华.融资约束、金融发展与我国企业出口产品质量——基于银行信贷和商业信贷的双重视角[J].现代财经(天津财经大学学报),2014,34(05):36-46+83.

3.陈勇兵,蒋灵多.外资参与、融资约束与企业生存——来自中国微观企业的证据[J].投资研究,2012,31(06):65-78.

4.代中强,李之旭,高运胜.知识产权保护与企业全球价值链位置——基于中间产品供需的视角[J].国际贸易问题,2021(05):96-108.

5.戴魁早.要素市场扭曲如何影响出口技术复杂度?——中国高技术产业的经验证据[J].经济学(季刊),2019,18(01):337-366.

6.戴觅,余淼杰,Madhura Maitra.中国出口企业生产率之谜:加工贸易的作用[J].经济学(季刊),2014,13(02):675-698.

7.丁一兵,刘璐.金融发展能否促进出口结构的优化——基于动态面板数据模型的考察[J].现代财经(天津财经大学学报),2013,33(06):3-11+22.

8.邓军.国际生产分割的发展及其宏观经济效应:一个文献评述[J].浙江社会科学,2013(06):137-143+161.

9.董虹蔚,孔庆峰.贸易便利化、国际生产分割与出口价值构成[J].国际经贸探索,2021,37(01):4-19.

10.杜晓英.金融发展对出口复杂度的影响机制[J].当代经济研究,2015(01):86-92.

11.杜运苏,曾金莲.金融发展影响中国出口增长二元边际的实证分析——基于面板分位数模型[J].经济问题探索,2016(06):94-100.

12.高运胜,郑乐凯,惠丽霞.融资约束与制造业GVC地位提升[J].统计研究,2018,35(08):11-22.

13.顾国达,方园.金融发展与出口品技术含量升级[J].浙江社会科学,2013(03):38-47+156.

14.顾国达,郭爱美.金融发展与出口复杂度提升——基于作用路径的实证[J].国际经贸探索,2013,29(11):101-112.

15.黄玖立,冼国明.金融发展、FDI与中国地区的制造业出口[J].管理世界,2010(07):8-17+187.

16.蒋为,黄玖立.国际生产分割、要素禀赋与劳动收入份额:理论与经验研究[J].世界经济,2014,37(05):28-50.

17.金祥义,张文菲.金融结构与出口持续时间[J].国际金融研究,2019(10):19-29.

18.金学群,2004:金融发展理论:一个文献综述.国外社会科学,第1期

19.鞠晓生,卢获,虞义华.融资约束、营运资本管理与企业创新可持续性[J].经济研究,2013,48(01):4-16.

20.雷蒙德·戈德史密斯,1994:金融结构与金融发展,周朔,等译.上海三联书店·上海人民出版社

21.雷日辉,张亚斌.金融发展对国家出口产品技术复杂度提升的验证[J].求索,2013(01):20-22.

22.李广智,周沫,周宗安.金融发展的指标体系及其与经济发展的关系[J].金融发展研究,2012(08):11-18.

23.李时宇,2010:金融深度与经济增长——基于1994-2008年时间

序列数据的实证研究. 金融理论与实践,第12期[16]

24.李学文,李明贤,2007:中国地区金融发展水平的评价与实证分析. 云南财经大学学报,第23卷,第5期

25.刘广威,张铭心,郑乐凯,袁征宇.地方金融发展与企业出口产品质量[J].世界经济文汇,2021(04):105-120.

26.刘志彪,吴福象."一带一路"倡议下全球价值链的双重嵌入[J].中国社会科学,2018(08):17-32.

27.逯宇铎,戴美虹.我国出口企业选择加工贸易的原因探究:生产率和融资约束视角[J].当代财经,2014(10):86-96.

28.罗伯特·莫顿,兹维·博迪,2000:金融学,伊志宏,等译. 中国人民大学出版社

29.罗长远,陈琳.FDI是否能够缓解中国企业的融资约束[J].世界经济,2011,34(04):42-61.

30.吕越,高媛,田展源.全球价值链嵌入可以缓解企业的融资约束吗?[J].产业经济研究,2018(01):1-14+38.

31.吕越,黄艳希,陈勇兵.全球价值链嵌入的生产率效应:影响与机制分析[J].世界经济,2017,40(07):28-51.

32.吕越,罗伟,刘斌.异质性企业与全球价值链嵌入:基于效率和融资的视角[J].世界经济,2015,38(08):29-55.

33.吕越,王晓旭.融资约束与中国制造业转型升级[J].金融监管研究,2017(08):77-97.

34.马述忠,张洪胜,王笑笑.融资约束与全球价值链地位提升——来自中国加工贸易企业的理论与证据[J].中国社会科学,2017(01):83-107+206.

35.马述忠,张洪胜,王笑笑.融资约束与全球价值链地位提升——来自中国加工贸易企业的理论与证据[J].中国社会科学,2017(01):83-107+206.

36.毛毅.融资约束、金融发展与企业出口行为[J].山西财经大学学报,2013,35(04):9-19.

37.倪红福,龚六堂,夏杰长.生产分割的演进路径及其影响因素——基于生产阶段数的考察[J].管理世界,2016(04):10-23+187.

38.牛启春,刘翔,2008:西部地区金融发展对产业结构和城市化影响的实证研究.金融经济,第20期

39.齐俊妍.金融发展与贸易结构——基于HO模型的扩展分析[J].国际贸易问题,2005(07):15-19.

40.齐俊妍,王永进,施炳展,盛丹.金融发展与出口技术复杂度[J].世界经济,2011,34(07):91-118.

41.齐俊妍,王晓燕.金融发展对出口净技术复杂度的影响——基于行业外部金融依赖的实证分析[J].世界经济研究,2016(02):34-45+135.

42.齐欣,刘欣.FDI、融资约束与中国企业投资[J].山西财经大学学报,2012,34(04):10-17.

43.邱斌,刘清肇,陈旭.金融发展与企业出口决策——基于中国工业企业数据的经验研究[J].东南大学学报(哲学社会科学版),2016,18(06):79-87+2+147.

44.任永磊,李荣林,高越.人民币汇率与全球价值链嵌入度提升——来自中国企业的实证研究[J].国际贸易问题,2017(04):129-140.

45.邵昱琛,熊琴,马野青.地区金融发展、融资约束与企业出口的国内附加值率[J].国际贸易问题,2017(09):154-164.

46.石倩,2011:麦金农和肖的金融深化理论评述.知识经济,第19期

47.史龙祥,马宇.金融发展对出口结构优化的影响——基于中国制造业的检验与流动性过剩视角的分析[J].财贸经济,2008(04):105-110.

48.苏莉.融资约束对出口企业选择国际贸易方式的影响研究[J].中国物价,2015(09):72-74.

49.孙灵燕,崔喜君.外商直接投资如何影响了民营企业的融资约

束？——来自中国企业层面的证据[J].南方经济,2012(01):47-57.

50.孙士金,潘义,2009:金融发展与经济增长:国内外研究综述.北方经济,第2期

51.孙少勤,邱斌.融资约束与出口密度——基于我国工业行业异质性的研究[J].东南大学学报(哲学社会科学版),2014,16(06):26-33+142.

52.谈儒勇,1999:中国金融发展与经济增长关系的实证研究.经济研究,第10期

53.谭赛月明,肖光恩,朱爱勇.融资约束、产品质量与出口目的地选择[J].南方经济,2017(05):102-118.

54.唐宜红,马风涛.国际垂直专业化对中国劳动力就业结构的影响[J].财贸经济,2009(04):94-98.

55.屠年松,曹宇芙.知识产权保护对服务业全球价值链地位的影响研究——基于OECD国家面板数据的实证研究[J].软科学,2019,33(06):37-41+48.

56.王昱,陈钰清,郎香香,逯宇铎."金融结构—技术创新能力"匹配度与企业出口产品质量提升[J].大连理工大学学报(社会科学版),2021,42(06):47-59.

57.魏如青,张铭心,郑乐凯,施平居.生产分割、知识产权保护与出口技术复杂度——基于生产阶段分割的研究视角[J].统计研究,2021,38(04):103-115.

58.魏志华,曾爱民,李博.金融生态环境与企业融资约束——基于中国上市公司的实证研究[J].会计研究,2014(05):73-80+95.

59.吴晓怡,邵军.金融发展、外部融资约束与出口平稳发展——基于贸易联系持续期视角的实证研究[J].国际贸易问题,2014(07):144-154.

60.冼国明,崔喜君.外商直接投资、国内不完全金融市场与民营企业的融资约束——基于企业面板数据的经验分析[J].世界经济研究,2010(04):54-59+88-89.

61. 谢乔昕,张宇.融资约束、FDI流入对产业增长影响的实证分析——以浙江省为例[J].技术经济,2014,33(12):54-58+79.

62. 谢乔昕.FDI流入、出口倾向对融资约束影响的实证研究——以民营企业为例[J].技术与创新管理,2017,38(05):530-534.

63. 许晖,许守任,王睿智.嵌入全球价值链的企业国际化转型及创新路径——基于六家外贸企业的跨案例研究[J].科学学研究,2014,32(01):73-83.

64. 徐建军,汪浩瀚.我国金融发展对国际贸易的影响及区域差异——基于跨省面板数据的协整分析和广义矩估计[J].国际贸易问题,2008(04):82-88.

65. 阳佳余,徐敏.融资多样性与中国企业出口持续模式的选择[J].世界经济,2015,38(04):50-76.

66. 阳佳余.融资约束与企业出口行为:基于工业企业数据的经验研究[J].经济学(季刊),2012,11(04):1503-1524.

67. 杨连星,张杰,金群.金融发展、融资约束与企业出口的三元边际[J].国际贸易问题,2015(04):95-105.

68. 杨珍增.知识产权保护、国际生产分割与全球价值链分工[J].南开经济研究,2014(05):130-153.

69. 杨珍增.知识产权保护与跨国公司全球生产网络布局——基于垂直专业化比率的研究[J].世界经济文汇,2016(05):76-93.

70. 姚耀军.金融发展对出口贸易规模与结构的影响[J].财经科学,2010(04):25-31.

71. 尹宗成,刘文.金融发展对国际生产分割水平的影响及区域差异——基于2000~2013年省际面板数据分析[J].经济问题,2015(08):50-54.

72. 张杰,高德步.金融发展与创新:来自中国的证据与解释[J].产业经济研究,2017(03):43-57.

73.张杰,刘志彪.制度约束、全球价值链嵌入与我国地方产业集群升级[J].当代财经,2008(09):84-91.

74.张杰.金融抑制、融资约束与出口产品质量[J].金融研究,2015(06):64-79.

75.张成思,刘贯春.经济增长进程中金融结构的边际效应演化分析[J].经济研究,2015,50(12):84-99.

76.曾璐璐.金融发展、对外贸易与地区经济增长——基于省际面板数据的实证分析[J].云南财经大学学报,2015,31(01):55-65.

77.赵怡,2006:金融与经济发展理论综述.经济问题,第2期

78.赵治辉,金雪军,2007:金融功能理论研究评述.金融理论与实践,第9期

79.周立,胡鞍钢,2002:中国金融发展的地区差距状况分析(1978-1999).清华大学学报(哲学社会科学版),第2期

80.周立,王子明,2002:中国各地区金融发展与经济增长实证分析:1978-2000.金融研究,第10期

81.朱彤,漆鑫,张亮.金融扭曲导致FDI大量流入我国吗?——来自我国省级面板数据的证据[J].南开经济研究,2010(04):33-47

82. Acemoglu D, Johnson S, Mitton T. Determinants of vertical integration: financial development and contracting costs[J]. The journal of finance, 2009,64(3): 1251-1290.

83. Adelman M A. Concept and statistical measurement of vertical integration [M]//Business concentration and price policy. Princeton University Press, 1955:281-330.

84. Alessandra Guariglia & Sandra Poncet, 2008. "Could financial distortions be no impediment to economic growth after all? Evidence from China," Université Paris Panthéon-Sorbonne (Post-Print and Working Papers) hal-00649295, HAL.

85. Antràs P. Firms, contracts, and trade structure [J]. The Quarterly Journal of Economics, 2003, 118(4):1375−1418.

86. Antràs P, Chor D. Organizing the global value chain[J]. Econometrica, 2013, 81(6):2127−2204.

87. Antràs P, Desai M A, Foley C F. Multinational firms, FDI flows, and imperfect capital markets[J]. The Quarterly Journal of Economics, 2009, 124(3):1171−1219.

88. Antweiler W, Trefler D. Increasing returns and all that: a view from trade[J]. American Economic Review, 2002, 92(1):93−119.

89. Baldwin R, Krugman P. Persistent trade effects of large exchange rate shocks[J]. The Quarterly Journal of Economics, 1989, 104(4):635−654.

90. Basco R. The family's effect on family firm performance: A model testing the demographic and essence approaches[J]. Journal of Family Business Strategy, 2013, 4(1):42−66.

91. Beck T. Financial dependence and international trade[J]. Review of international Economics, 2003, 11(2):296−316.

92. Beck T. Financial development and international trade: Is there a link?[J]. Journal of international Economics, 2002, 57(1):107−131.

93. Berman N, Héricourt J. Financial factors and the margins of trade: Evidence from cross−country firm−level data[J]. Journal of Development Economics, 2010, 93(2):206−217.

94. Bernini M, Guillou S, Bellone F. Financial leverage and export quality: Evidence from France[J]. Journal of Banking & Finance, 2015, 59:280−296.

95. Boyd J H, Smith B D. Intermediation and the equilibrium allocation of investment capital: Implications for economic development[J]. Journal of Monetary Economics, 1992, 30(3):409−432.

96. Braun M. Financial contractibility and asset hardness[M]. Boston: Mimeo,2003: 97-116.

97. Bridgman B. The rise of vertical specialization trade[J]. Journal of International Economics,2012,86(1):133-140.

98. Chaney T. Productivity overshooting: The dynamic impact of trade opening with heterogeneous firms[J]. University of Chicago,2005.

99. Chen W,Gouma R,Los B,et al. Measuring the income to intangibles in goods production:a global value chain approach[J]. 2017.

100. Ciani A,Bartoli F. Export quality upgrading and credit constraints [C]//ANNUAL CONFERENCE OF EUROPEAN TRADE STUDY GROUP (ETSG). 2013, 15.

101. Čihák M,Demirgüç-Kunt A,Feyen E,et al. Benchmarking financial systems around the world [J]. World Bank policy research working paper, 2012 (6175).

102. Crinò R,Ogliari L. Financial Frictions,Product Quality,and International Trade[J]. 2015.

103. Deardorff A V. Fragmentation in simple trade models[M]//Comparative Advantage, Growth, And The Gains From Trade And Globalization: A Festschrift in Honor of Alan V Deardorff. 2011:165-181.

104. Du, Luosha & Harrison,Ann & Jefferson,Gary H.,2012. "Testing for horizontal and vertical foreign investment spillovers in China, 1998—2007," Journal of Asian Economics,Elsevier,vol. 23(3),pages 234-243.

105. Emlinger C,Piton S. World trade flows characterization: Unit values,trade types and price ranges [M]. CEPII, 2014.

106. Fally T. On the Fragmentation of Production in the US[J]. University of Colorado mimeo,2011.

107. Fally T. Production staging: measurement and facts[J]. Boulder,

Colorado, University of Colorado Boulder, May, 2012:155-168.

108. Feenstra R C, Hanson G H. Globalization, outsourcing, and wage inequality[J]. 1996.

109. Feenstra R, Kee H L. Export variety and country productivity: Estimating the monopolistic competition model with endogenous productivity[J]. Journal of international Economics, 2008, 74(2):500-518.

110. Frensch R. European trade in parts and components: searching (for a trade model for searching) for offshoring evidence[J]. Available at SSRN 1709364, 2010.

111. Gereffi G, Humphrey J, Sturgeon T. The governance of global value chains[J]. Review of international political economy, 2005, 12(1):78-104.

112. Gereffi, Gary, and Miguel Korzeniewicz, eds. Commodity chains and global capitalism. No. 149. ABC-CLIO, 1994.

113. Giannetti M. Do better institutions mitigate agency problems? Evidence from corporate finance choices[J]. Journal of financial and quantitative analysis, 2003, 38(1):185-212.

114. Goldsmith, R.W. 1969. Financial Structure and Development[M]. New Haven, Conn.: Yale University Press.

115. Greenwood J, Smith B D. Financial markets in development, and the development of financial markets[J]. Journal of Economic dynamics and control, 1997, 21(1):145-181.

116. Grossman G M, Rossi-Hansberg E. Trading tasks: A simple theory of offshoring[J]. American Economic Review, 2008, 98(5):1978-97.

117. Grossman S J, Hart O D. The costs and benefits of ownership: A theory of vertical and lateral integration[J]. Journal of political economy, 1986, 94(4):691-719.

118. Guariglia A, Poncet S. Could financial distortions be no impediment

to economic growth after all? Evidence from China[J]. Journal of Comparative Economics,2008,36(4):633-657.

119. Gurley, John G., and Edward S. Shaw. Money in a Theory of Finance. Brookings Institution[M], Washington, D.C., 1960.

120. Harrison A E, Love I, McMillan M S. Global capital flows and financing constraints [J]. Journal of development Economics, 2004, 75 (1): 269-301.

121. Héricourt, Jérôme & Poncet, Sandra, 2009. "FDI and credit constraints: Firm-level evidence from China," Economic Systems, Elsevier, vol. 33(1),pages 1-21,March.

122. Hijzen A, Görg H, Hine R C. International outsourcing and the skill structure of labour demand in the United Kingdom[J]. The Economic Journal, 2005,115(506):860-878.

123. Hsu P H, Tian X, Xu Y. Financial development and innovation: Cross-country evidence [J]. Journal of financial economics, 2014, 112 (1): 116-135.

124. Huang Y. Selling China: Foreign direct investment during the reform era[M]. Cambridge University Press,2003.

125. Hummels D, Ishii J, Yi K M. The nature and growth of vertical specialization in world trade[J]. Journal of international Economics,2001,54(1): 75-96.

126. Hur J, Raj M, Riyanto Y E. Finance and trade: A cross-country empirical analysis on the impact of financial development and asset tangibility on international trade[J]. World Development,2006,34(10):1728-1741.

127. Ito S, Watanabe M, Yanagawa N. Financial Aspects of Transactions with FDI: Trade Credit Provision by SMEs in China[R]. Institute of Developing Economies, Japan External Trade Organization (JETRO), 2007.

128. Jones R W, Kierzkowski H. The role of services in production and international trade: A theoretical framework. in Ronald Jones and Anne Krueger, eds., The Political Economy of International Trade, Basil Blackwell, Oxford.

129. Johnson R C, Noguera G. Accounting for intermediates: Production sharing and trade in value added [J]. Journal of international Economics, 2012, 86(2): 224-236.

130. Ju J, Wei S J. When is quality of financial system a source of comparative advantage? [J]. Journal of International Economics, 2011, 84(2): 178-187.

131. Kalina Manova & Zhihong Yu, 2015. "How Firms Export: Processing vs. Ordinary Trade with Financial Frictions, "CEP Discussion Papers dp 1377, Centre for Economic Performance, LSE.

132. Kalina Manova, 2014. "Firms and Credit Constraints along the Global Value Chain: Processing Trade in China, " CESifo Forum, ifo Institute – Leibniz Institute for Economic Research at the University of Munich, vol. 15 (03), pages 08-11, August.

133. King R G, Levine R. Finance and growth: Schumpeter might be right [J]. The quarterly journal of economics, 1993, 108(3): 717-737.

134. Kohler W. Aspects of international fragmentation [J]. Review of International Economics, 2004, 12(5): 793-816.

135. Koopman R, Powers W, Wang Z, et al. Give credit where credit is due: Tracing value added in global production chains [R]. National Bureau of Economic Research, 2010.

136. Koopman R, Wang Z, Wei S J. Tracing value-added and double counting in gross exports [J]. American Economic Review, 2014, 104(2): 459-94.

137. Krugman P R. Increasing returns, monopolistic competition, and international trade [J]. Journal of international Economics, 1979, 9(4): 469–479.

138. Krugman P. Scale economies, product differentiation, and the pattern of trade[J]. The American Economic Review, 1980, 70(5): 950–959.

139. La Porta R, Lopez-de-Silanes F, Shleifer A, et al. Legal determinants of external finance[J]. The journal of finance, 1997, 52(3): 1131–1150.

140. Levine R, 1997, "FinancialDevelopment and Economic Growth: Views and Agenda", Journal of EconomicLiterature, Vol. 35, No. 2

141. Levine R, Loayza N, Beck T. Financial intermediation and growth: Causality and causes[J]. Journal of monetary Economics, 2000, 46(1): 31–77.

142. Macchiavello R. Financial development and vertical integration: theory and evidence[J]. Journal of the European Economic Association, 2012, 10(2): 255–289.

143. Manova K, Yu Z, National Bureau of Economic Research. Firms and credit constraints along the global value chain: processing trade in China[M]. National Bureau of Economic Research, 2012.

144. Manova K, Yu Z. How firms export: Processing vs. ordinary trade with financial frictions [J]. Journal of International Economics, 2016, 100: 120–137.

145. Manova K. Credit constraints, equity market liberalizations and international trade[J]. Journal of International Economics, 2008, 76(1): 33–47.

146. Manova K. Credit constraints, heterogeneous firms, and international trade[J]. Review of Economic Studies, 2013, 80(2): 711–744.

147. Melitz M J. The impact of trade on intra-industry reallocations and aggregate industry productivity[J]. econometrica, 2003, 71(6): 1695–1725.

148. Minetti R, Zhu S C. Credit constraints and firm export: Microeconomic evidence from Italy[J]. Journal of International Economics, 2011, 83 (2):109−125.

149. Muûls M. Exporters and credit constraints. A firm−level approach [R]. NBB Working Paper, 2008.

150. Patrick H T. Financial development and economic growth in underdeveloped countries[J]. Economic development and Cultural change, 1966, 14(2):174−189.

151. Pietrobelli C, Rabellotti R. Global value chains meet innovation systems: are there learning opportunities for developing countries?[J]. World development, 2011, 39(7):1261−1269.

152. Porta R L, Lopez−de−Silanes F, Shleifer A, et al. Law and finance[J]. Journal of political economy, 1998, 106(6):1113−1155.

153. Porter, M. E. The Competitive Advantage: Creating and Sustaining Superior Performance. New York: Free Press, 1985.

154. Rajan R G, Zingales L. Financial Dependence and Growth [J]. American Economic Review, 1998:559−586.

155. Reddy K, Sasidharan S. Financial constraints and global value chain participation: Firm−level evidence from India[J]. The Journal of International Trade & Economic Development, 2021:1−27.

156. Robert G. King, Ross Levine, 1993, "Financeand Growth: Schumpeter Might Be Right", Quarterly Journal of Economics, Vol. 108, No.3

157. Romero I, Dietzenbacher E, Hewings G J D. Fragmentation and complexity: analyzing structural change in the Chicago regional economy [J]. reviSta de economía mundial, 2009(23):263−282.

158. Strauss−Kahn V. The role of globalization in the within−industry shift away from unskilled workers in France[J]. Challenges to globalization:

Analyzing the economics, 2004:209−231.

159. Svaleryd H, Vlachos J. Financial markets, the pattern of industrial specialization and comparative advantage: Evidence from OECD countries[J]. European Economic Review, 2005, 49(1): 113−144.

160. Upward, Richard & Wang, Zheng & Zheng, Jinghai, 2013. "Weighing China's export basket: The domestic content and technology intensity of Chinese exports," Journal of Comparative Economics, Elsevier, vol. 41(2), pages 527−543.

161. Wang Z, Wei S J, Zhu K. Quantifying international production sharing at the bilateral and sector levels[R]. National Bureau of Economic Research, 2013.

162. WIPO, Intangible Capital in Global Value Chains. WIPO Publication No. 944E/17. 2017.

163. Yasheng Huang, 2005. "Symposium on 'Selling China: Foreign Direct Investment during the Reform Era' − Huang's Response," Management and Organization Review, International Association of Chinese Management Research, vol. 1(2), pages 329−333, July.

164. Yomogida M. Fragmentation and welfare in monopolistic competition [J]. Review of International Economics, 2010, 18(3): 531−539.